맨발로 도망치다

KB076603

국립중앙도서관 출판예정도서목록(CIP)

맨발로 도망치다: 폭력에 내몰린 여성들과 나눈 오랜 대화와 기록
우에마 요코 지음; 양지연 옮김.
— 서울: 마티, 2018
216p. ; 145×210mm

원표제: 裸足で逃げる: 沖縄の夜の街の少女たち
원저자명: 上間陽子
일본어 원작을 한국어로 번역
ISBN 979-11-86000-66-3(03330): ₩15,000

여성 문제[女性問題]
폭력[暴力]

337.1-KDC6
305.4-DDC23
CIP2018018313

HADASHI DE NIGERU OKINAWANO YORUNOMACHINO SYOUJOTACHI by Yoko Uema
Photographed by Naobumi Okamoto
Copyright ⓒ Yoko Uema, 2017 All right reserved.
Original Japanese edition published by OHTA PUBLISHING COMPANY
Korean translation copyright ⓒ 2018 by MATI BOOKS
This Korean edition published by arrangement with OHTA PUBLISHING COMPANY,
Tokoyo, through Honnokizuna, Inc., Tokyo, and BC Agency

맨발로
도망치다

폭력에 내몰린 여성들과 나눈
오랜 대화와 기록

우에마 요코 지음
양지연 옮김

마티

일러두기
모든 각주는 저자의 것이며, 옮긴이 주는 본문 괄호 안에 삽입하고 '옮긴이'라고 표기하였다.

들어주는 사람들이 있다는 것, 그것이 희망

오늘도 나는 성매매피해청소년 유관기관 간담회에 참석했다. 별일 아니라는 듯 '도와 달라'고 말한 10대 여성의 사정을 차분하고도 절절하게 전하는 경찰, 배경도 성격도 너무나 다른 피해 청소년들을 만나며 겪는 어려움을 토로하는 위기청소년 교육센터와 자활센터 담당자들의 발표를 들었다.

간담회가 끝나고 돌아오는 길, 오랫동안 가슴 한편에 묻어두었던 그녀들이 불쑥 떠올랐다. 과거 나는 소년법 10호 처분을 받고 소년원에서 지내는 10대 여성들을 만났다. 소년법 10호란, '반사회성이 있는 소년의 환경 조정과 품행 교정을 위한 보호 처분 등의 필요한 조치'에 대한 법률인 소년법 제32조에서 규정한 '장기 소년원 송치'에 해당하는 처분이다. 나는 그녀들과 표현하기, 글쓰기, 생각하기를 함께 연습하는 인문학 프로그램을 진행했었다. 10개월 동안 일주일에 한 번씩 얼굴을 보았고 목소리를 들었고 글을 나눴다.

그녀들은 언제나 '쿨'했고 뭐든지 할 수 있다는 듯 뻐기기 일쑤였다. 하지만 그 목소리를 들어줄 사람이 없었다. 편지 한 통 날아오지 않는 시간을 소년원에서 보내던 10대 여성들에게 무엇보다 필요했던 것은 따뜻한 시선과 속을 꺼내놓을 수 있는 누군가였다. 부모가 없는 것이 낫다는 A, 열여섯 살에 낳은 아이를 보호시설에 놓고 나왔지만 여전히 생각난다는 B, 성폭력 피해 경험을 친구에게 말했다가 소문이 나 왕따가 되고 가출 후 이것저것 하다가 소년원에 왔다는 C 등 처음에는 자기 이야기를 하기 너무도 힘들어했던 그녀들이지만 곧 '언니들'(연구진)과 친해져 정말 별별 이야기를 다 했다. 그녀들보다 우리가 더 많이 배운 시간이었다.

인문학 프로그램이 끝난 후에도 몇몇 친구들과는 연락을 주고받았다. 하지만 이내 연락이 끊어졌다. 내가 이어가지 못했던 그 인연을 『맨발로 도망치다』의 저자 우에마 요코는 만들어가고 있었다.

사실 처음에는 수 년 전에 연락이 끊긴 그들이 떠올라서인지 책장을 넘기기가 힘들었다. 하지만 "이 책의 첫 독자는 처음으로 자기 이야기를 꺼낸 그녀들 자신"라고 한 요코의 한마디가 내 마음을 움직였다. 어디에선가 자기 삶을 살아내고 있을, 한때 내 삶에 들어왔고 지금도 내 기억 속에 머무는 그녀들도 이 책의 주인공이라고 생각하니 이야기를 들을 용기가 조금은 생기는 듯했다.

교육학 교수인 우에마 요코는 2012년 여름부터 가족과 애인의 폭력에 노출된 생활을 하다 집을 뛰쳐나온 10대 여성들, 특히 홀로서기 위해 유흥업소에서 일하는 10대 여성들에 관한 현장조사를 진행했다. 직접 만나 이야기를 듣고 그녀들에게 필요한 사회적 지원이 무엇인지 파악하는 것이 조사의 목적이었다. 그 후 4년간 요코는 조사차 만난 그들과 느슨한 신뢰관계를 유지하며 그들의 오늘과 내일에 조금씩 개입하기 시작한다. 요코는 그녀들과 같은 거리에서 나고 자란 친구이자 언니이며,

자신을 돌아보게 하는 선배이자, 어려울 때 당장 달려와 주는 어른이었다. 그런 요코에게 이 책의 주인공들은 더듬더듬 자기 이야기를 털어놓기 시작했다. 폭력과 고통의 경험을 이야기한다는 것은 참 힘든 일이다. 그런데도 우리는 가끔 당사자가 어렵게 꺼낸 고통의 경험을 쉽게 평가하는 실수를 저지른다. 더 나은 선택은 없었느냐고, 빨리 도망칠 수 없었느냐고 다그친다. 그러면 그들은 곧 입을 다물고 만다.

조사 과정에서 만난 여성들의 고통을 마주하며 요코는 "어디선가 숨죽이고 울고 있을, 아무 말도 못 하고 혼자 참고 있을 그녀들"을 걱정했다. 여러 간담회나 포럼에 참석할 때마다 나 또한 같은 심정이다.

한국에도 가정폭력으로 집을 나와 시설이나 가출 팸에서 생활하는 친구들이 많다. 그리고 집을 나온 친구들은 성폭력과 데이트폭력, 강간에 노출될 위험이 높아진다. 그러나 피해자 수가 얼마나 되는지는 파악되지 않는다. 2017년 『범죄백서』에 따르면 소년범은 전체 범죄 대비 약 3.8퍼센트를 차지하는데, 범죄 통계는 기본적으로 가해자 통계이므로 피해자들과 일치하지 않는다. 게다가 폭력 사건은 신고되지 않는 경우가 많아 정확한 수치를 알기는 어렵다. 상담소 등의 상담 통계나 관련 실태 조사의 몇몇 질문을 근거로 유추할 수 있을 뿐이다.

2017년 한국성폭력상담소의 통계를 먼저 살펴보면, 전체 상담 건 1,260건 중 아동·청소년 성폭력 피해 상담은 296건으로 23.5퍼센트를 차지한다. 또한 2016년 여성가족부 성폭력 실태 조사에 따르면, 폭행 및 협박을 수반한 성폭력을 처음 당했을 때가 19세 미만이었다고 답한 응답자 비율은 27.6퍼센트이며, 강간 피해 연령에 대한 질문에 19세 미만이라고 답한 비율은 63.1퍼센트이다. 청소년기에 강간 피해 경험이 심각하다는 것을 얼마간 짐작할 수 있는 대목이다. 한편, 경·검찰에서 송치되거나 청소년 기관에서 위험하다고 판단해 연계되어 위기청소년 교육센터에서 교육되는 위기청소년 수는 2017년 현재 약 385명, 전국의 위기청소년 교육지원센터에서 상담한 청소년 수는 1,200명을 넘는다.

　　폭력 피해자 통계를 잡기가 어려운 것은 그만큼 폭력 문제가 심각함에도 피해자 스스로 피해 사실을 노출하지 않거나 할 수 없기 때문이다. 좀 더 정확한 통계를 기반으로 폭력을 근절하고 방지하는 법제도를 마련하는 것은 물론 시급한 사안이다. 그러나 그에 앞서 폭력 없는 사회가 중요한 가치라는 점을 사회 구성원 모두가 온몸으로 받아들이고, 함께 이 문제에 공감하고 움직일 때 그나마 폭력 피해 10대 여성들이 살아갈 수 있다.

집에서 도망칠 수 있는 나이가 되기만을, 폭력의 고리를 끊어줄 누군가가 나타나기만을 기다리는 그녀들을 만나오면서 내가 크게 깨달은 점이 하나 있다. 해야 할 선택지를 쥐어주고 마치 옳은 길이 따로 있는 것인 양 가르치고 조언하는 것은 내 몫이 아니라는 것이다. 그저 도움을 줄 수 있는 어른이 가까이 있다는 점을 알려주고, 고통에 공감하고, 도움을 요청하면 돕고, 그래서 믿음이 생길 때까지 기다리는 것, 어쩌면 적극적인 기다림만이 내 역할이다.

　　우에마 요코도 마찬가지였다. 그녀는 적극적으로 들어주는 행위가 고통에 빠진 한 개인에게 어떤 위로와 용기가 되는지 보여준다. 피해자들의 선택을 평가하지 않고 지지하는 요코의 단단한 마음은 폭력에 약해지고 지친 그들을 숨 쉬게 했다.

　　그런 의미에서 나는 이 책을 당사자인 10대 여성들에게 제일 먼저 건네고 싶다. 어둡고 추운 현실을 버티는 그녀들을 소중하게 여기는 요코의 마음이 가 닿기를, 자신들의 이야기를 진지하게 들어줄 어른들이 반드시 있다는 사실을 알아주길 바란다.

　더불어 또래 청소년들과 그들의 보호자에게도 일독을 권한다. 성폭력, 가정폭력, 데이트폭력은 바로 옆집 현관문 뒤에서, 아파트 담장 앞에서 일어난다. 직접 개입하기 어렵다면 폭력 방지 기관이나 청소년 상담 기관에 도움을 요청할 수 있다는 사실만이라도 염두에 두면 좋겠다.

　마지막으로 사회문제를 논하고 실질적인 해결책을 강구하는 데 골몰하는 공무원, 국회·시·구의원, 사회단체 활동가들이 읽기를 바란다. 언제나 약자를 향하는 폭력의 사례들을 기계적으로 받아보는 것보다 폭력에서 살아남은 사람들의 삶에 깊이 공감할 때, 그리고 삶이란 견딤이라는 것을 배울 때 기존의 정책과 다른 것을 제안할 수 있다고 나는 믿기 때문이다.

　"아픈 현실을 지켜봐주는 사람이 있다는 것 자체로 희망일 수 있다"는 책의 한 구절을 떠올리며, 오래도록 그녀들 곁에 있어야겠다고, 그녀들의 이야기를 더 많이 들어야겠다고 다짐해본다.

2018년 초여름
변혜정
한국여성인권진흥원 원장

오키나와는 일본의 남쪽 동중국해와 태평양 사이에 위치해 있다. 사계절 내내 해변이 따뜻해 일본, 한국, 중국 관광객이 끊이지 않는다. 산호초 바다는 연둣빛과 물빛이 절묘하게 섞여 코발트블루 색을 띠고 해수면은 은은하게 반짝거린다.

하지만 이 따뜻하고 푸르른 오키나와에는 수많은 폭력이 숨어 있다. 2차 세계대전 당시 오키나와는 일본에서 유일하게 지상전이 벌어졌던 곳이다. 오키나와 주민의 4분의 1이 전장을 피해 떠돌다 사망했다. 전쟁이 끝나고 나서도 27년이란 긴 세월 동안 미군의 점령 아래 있었고, 일본에 반환된 뒤에도 주일 미군의 80퍼센트가 오키나와에 주둔하고 있다. 지금도 오키나와에서는 군인에 의한 성폭력 사건이 하루가 멀다 하고 발생한다. 한편, 2016년 오키나와현에서 발표한 아동 빈곤율은 일본 국내 아동 빈곤율의 약 두 배 이상인 30퍼센트이며, 2017년 아동 학대 건수는 과거보다 훨씬 높은 수치를 보였다. 가정이라는 밀실에서의 폭력 또한 여전하다.

나는 2012년부터 오키나와에 사는 젊은 여성들의 성장 환경과 직업에 관한 생활사 조사를 시작했다. 조사는 처음에 예상했던 것보다 몇 배나 힘이 들었다. 가족의 돌봄을 전혀 받지 못한 채 생활하거나 가정폭력에 고스란히 노출된 상태에서 집을 떠나지도 외부 지원을 받지도 못하는 아이가 많았다. 집을 뛰쳐나와 거리에서 만난 남자나 애인의 폭력에 시달리는 아이도 있었다. 이는 비단 젊은 세대만의 경험이 아니다. 그녀들의 어머니와 할머니의 경험이기도 하다.

그녀들의 고난은 가족에서 시작된다. 양육의 의무와 책임이 가족에게 한정된 사회에서는 가족이 위기에 처했을 때 가족 내에서도 가장 약자인 아이에게 제일 큰 부담이 지워진다. 돌봄 제도가 위태로울수록 아이들을 안전하게 품어줄 장소는 없어지고 가족의 위기는 아이의 성장에 더욱 직접적인 영향을 준다.

일본과 마찬가지로 한국도 가족이 양육의 책임을 전적으로 떠맡는 사회이다. 그러므로 한국에도 가족의 폭력 속에서 숨죽이며 살아가는 아이가, 집을 뛰쳐나와 거리를 헤매다 폭행을 당하는 아이가 있을지 모른다. 그러면서도 아무 말 못하고 있는 아이가 있을지 모른다. 나는 폭력 속에서 숨죽여 살아가는 사람들의 곁에서 그들의 마음을 읽어주는 일이, 폭력을 없애고 아이를 건강하게 키우는 사회로 나아가는 하나의 길이라 생각한다.

이 책의 제목 '맨발로 도망치다'의 '맨발'이라는 단어에는 조사 당시 만난 여자아이들이 아무것도 없이 집에서 나와 거리를 헤맸다는 의미와 함께 오키나와 전쟁 당시 맨발로 길을 떠난 피난민에 대한 기억도 담겨 있다. 약자의 처지에 놓인 사람들은 늘 도망치고 떠돌아다닌다.

모국어로 쓰인 문장이 다른 나라의 말로 바뀌어 출판되는 것은
편지가 든 작은 유리병을 바다로 흘려보내는 것과 같다.

　　이 소소한 조사 기록이 오키나와 바다를 건너 어디로 흘러갈지 나는
아직 모른다. 하지만 오키나와에서, 일본에서, 한국에서 침묵해왔던
사람들에게 그리고 그런 사람들 곁에 서 있으려는 사람들에게 그녀들의
목소리가 가닿기를 바란다.

　　2018년 6월
　　우에마 요코

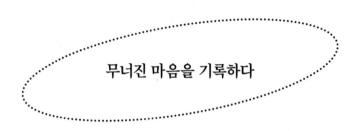

무너진 마음을 기록하다

10여년 전 류큐 대학에 자리를 얻게 되면서 나는 내가 나고 자란 오키나와로 돌아왔다.

학부에서 교육학 강의와 연구를 하면서 폭력 피해 미성년자 관련 상담사의 상담 활동을 지도하는 업무를 겸했다.

주로 학교나 시민단체에서 상담을 요청했다. 부모의 폭언으로 도저히 집에 있을 수 없는 아이가 있는데 아동보호전문기관에서는 그 정도 사유로는 아이를 맡아줄 수 없다며 거절하는데 어떻게 하면 좋겠느냐, 원조교제를 한다는 소문이 있는데 당사자에게 어떻게 물어봐야 하느냐, 집단 강간을 당한 것 같은데 어떻게 대응해야 하느냐, 형제자매가 모두 등교 거부 상태이고 맏언니가 동생들을 돌보고 있는데 어떻게 하면 좋겠느냐 등 상담 내용은 다양했다.

학대, 미성년자 성매매, 강간, 등교 거부 등 어떤 문제든지 일단 상담 문의가 들어오면 곧이어 해야 할 일들이 물밀어 들어온다. 증거 확인, 아동보호전문기관이나 의료기관 소개, 무엇보다 당사자인 아이와 어떻게 이야기를 할지, 보호자와 어떻게 대화를 나눌지 이야기하고, 당장 오늘

내일 처리해야 할 일을 정리하고 앞으로 반년 정도의 장기 계획까지
세워야 한다.

사안에 따라 취해야 할 조치는 천차만별이다. 하지만 무엇보다 장기
지원을 위한 첫발을 내딛는 데에 가장 중요하고 필수적인 조건은 폭력을
당한다는 것의 의미를 이해하는 것이다.

아기가 태어나면 우선 몸을 깨끗이 씻기고 속싸개로 따뜻하게 감싸
포근하게 안아준다. 우리의 몸은 따스한 보살핌을 받았던 기억, 존재
자체로 축복받았던 기억을 간직하고 있다. 그런 몸이 억눌리고 두들겨
맞고 아무리 애원하고 울부짖어도 폭행이 멈추지 않는 상황에 놓이는
것, 그것이 바로 '폭력을 당한다'는 것이다. 폭력은 스스로를 소중히
여기는 마음을 철저히 짓밟는다. 다리를 부들부들 떨며 폭력 현장에서
간신히 도망쳐 나온 사람의 마음을 온전히 이해할 수 있는 사람이 몇이나
있을까. 하루가 멀다 하고 이어지는 폭력 상황 속에서 날마다 자기 자신을
부정해야 하는 사람의 마음을 헤아리고 받아줄 수 있는 이가 과연 몇이나
될까. 그렇기에 더더욱 우리는 폭력을 당한 사람 곁에 같이 있어야 한다.
그렇지 않으면 어떠한 지원도 지속될 수 없다.

폭력 피해를 입는 아이들 대부분은 가난하고 고립된 환경에서
자란다.

가난하다는 것은 평범한 일상을 보내는 일조차 무척 어렵다는 것을
뜻한다. 그렇기 때문에 가난 속에서 살아가는 사람의 자존심은 쉽게
상처받는다. 그런 환경에서는 아주 사소한 일로도 폭력이 발생한다. 폭력은
주로 약자의 몸을 겨냥하며 멈추지 않고 대물림된다.

사건의 외피를 벗겨내면 또 다른 문제가 연이어 발견된다. 강자가
약자에게 폭력을 휘두르고, 폭력을 당한 자는 다시 자신보다 약한
자에게 폭력을 휘두른다. 아이들은 도망칠 수 있는 나이가 되면 그곳을

뛰쳐나온다. 도망칠 수 없는 아이는 도망칠 수 있을 때까지 참고 기다린다.

폭력의 진상을 밝히는 과정에서 상담을 요청했던 활동가들은 크고 작은 좌절을 경험한다. 아이를 돕고 싶다던 활동가의 입에서 이 아이는 바뀌지 않는다, 가족이 꿈쩍도 안 한다, 상황이 너무 심각하다 등의 말이 눈물과 섞여 나온다. 그럴 땐 폭력을 당하는 것이 어떤 의미인지 다시 한 번 이야기를 나눈다. 육체만 망가지는 것이 아니라 지금까지 소중하게 간직해온 기억과 자신을 사랑하는 마음 또한 무너져 있으며, 모든 것을 포기한 듯한 언행의 배후에는 깊은 고독감과 분노가 자리하고 있다고, 그것을 이해하는 것이 우리 일이라고 손을 맞잡는다.

이야기를 나누고 나면 활동가는 다시 아이 옆에 남아 함께하려 한다. 쉽지 않지만 누군가는 해야 한다고 마음을 다잡으면서. 하지만 그렇게 아이들 곁을 지켜줄 사람은 많지 않다.

아이들과 매일 부대끼는 교사의 노동 시간은 OECD 국가 중 일본이 가장 길다. 전국학력·학습상황조사(통칭 가쿠테[学テ]. 전국적으로 학생의 학력과 학습 상황을 파악, 분석하기 위한 조사—옮긴이)의 영향도 있어 학교는 관리와 통제를 점점 강화하고 있다. 오키나와 아이들의 상대적 빈곤율은 약 30퍼센트라는 발표가 있었다. 하지만 교사는 아이들의 생활에 관해 이야기를 나눌 시간이 없다. 아니, 이 말은 부정확하다. 아이들과 말을 주고받지 않아도 교사의 일상은 흘러가고, 실제로 교사는 아이들에게 어떤 환경에서 어떻게 생활하고 있는지 묻지 않는다.

아이에게 묻지 않는다면 폭력은 영원히 드러나지 않는다. 상담을 요청한 활동가나 교사는 폭력의 잔혹한 실태에 충격을 받으면서도 끝까지 아이의 이야기를 들어줄 힘이 있었다.

상담을 할 때마다 상담조차 못 받는 아이가, 어딘가에서 혼자

숨죽이며 고통을 감내하는 아이가 있을지도 모른다는 생각에 몸서리치곤 한다. 누구에게도 말 못 하고 혼자 밤을 지새우는 아이가 거리 곳곳에 여전히 존재한다. 현실은 그렇게 냉혹하다.

오키나와에서는 아이들과 관련된 사건이 자주 발생한다. 집단 강간, 감금, 집단 폭행, 미성년자 성매매 등의 기사가 하루가 멀다 하고 지면을 장식한다.

◆

2011년, 나는 오키나와의 유흥업소에서 일하는 여성을 대상으로 인터뷰 조사를 해보기로 마음먹었다.

오키나와 유흥업계에는 10대 때부터 일을 시작한 여자아이가 많다고 했다. 어린 나이에 밤거리로 내몰린 여자아이들이 어떤 가정에서 자라고 어떤 생활을 하는지 알 수 있다면 앞으로 폭력 피해자가 될 수도 있는 아이들을 보호하고 지원하는 대책을 세울 수 있으리라고 생각했다.

유흥업소를 드나드는 조사는 우치코시 마사유키 씨의 도움이 꼭 필요했다. 우치코시 씨는 오키나와 폭주족의 계보를 거의 다 꿰고 있었고, 처음 만나는 사람도 곧바로 무장 해제시키는 특별한 재능을 겸비한 현장 연구자였다. 이들과 함께 오키나와 중심 도로인 58번 국도를 달리며 진행한 조사는 실로 엄청났다.

우치코시 씨의 권유도 있어 2012년 봄 일본 학술진흥회의 연구 지원을 받았다. 연구 주제는 소장 연구자 지원프로젝트B 「오키나와 지역 위험 계층 청소년의 이행 상황 청취 조사」(2012~2013년)와 기초연구프로젝트C 「오키나와의 빈곤과 교육 종합조사연구」(2014~2016년)였다.

조사는 2012년 여름부터 시작했다.

주로 캬바쿠라(카바레[cabaret]와 클럽[club]의 합성어로, 화려한 드레스를 입은 여성 직원이 손님 옆에 앉아 함께 술을 마시고 대화를 나누는 술집—옮긴이)와 유흥업소에서 일하는 10대, 20대 여성의 이야기를 들으러 다녔다. 대부분의 여성이 10대에 아이를 낳고 남자친구와 헤어진 뒤 혼자서 아이를 기르며 밤 업계에서 일하고 있었다.

오키나와 밤거리를 걸어 다니는 동안 어린 시절의 기억이 불쑥불쑥 얼굴을 내밀었다. 불현듯 친구의 손바닥이 떠오르기도 했고 귓불에 살랑대던 머리카락이 생각나기도 했다. 인터뷰를 하는 아이들의 얼굴 위로 어릴 적 친구의 모습이 겹쳐졌다. 그녀들은 내 중학교 시절의 기억을 소환해냈다.

✦

나는 미군기지 펜스로 둘러싸인 번화가에서 자랐다.

내가 다니던 중학교는 당시 불량스럽기로 소문난 학교 중 하나였다. 학생들은 교사가 사는 집 외벽에 스프레이로 낙서를 한가득 해놓는가 하면 교사의 자동차를 뒤집어놓기도 했다. 가까운 공원에서는 폭행사건이 심심찮게 일어났다.

거칠기로 소문난 중학교여서 그랬을까. 더 이상 두고 볼 수 없어서였을까. 사소한 교칙 위반도 모두 단속 대상이 되었다. 양말 색깔, 머리 길이, 치마 길이 등 시시콜콜한 부분까지 속속들이 집어내어 복장 지도를 했다. 선배들에게 전수받은 넥타이 매는 방식까지 철저히 단속했다. 교사들은 매를 자주 들었고 그럴수록 학생들의 결속력은 강해졌다. 매를 맞으면서 우리는 더욱 친밀해졌다.

하지만 학교 담장 안에서 철없이 지낸 시간은 그리 길지 않았다.

겨울방학 즈음, 몰려다니며 놀던 패거리의 리더였던 가나와 집을 엄청 싫어했던 사나에가 가출을 하는 소동이 벌어졌다.

가출 전날 가나에게서 연락이 왔다. 혹시 자기 아빠가 전화를 하더라도 어디로 갔는지 모른다고 말하라고 신신당부했다. 가나의 아버지는 툭하면 가나에게 주먹질을 하곤 했다.

가출한 다음 날 오후, 가나와 사나에가 우리 집을 찾아왔다.

방으로 데리고 들어가 두근거리는 마음으로 어젯밤 어디서 어떻게 지냈는지 물었다. 사나에는 들뜬 목소리로 폭주족을 보려고 번화가로 나갔던 일, 연상인 남자애 몇 명이 말을 걸어와 그중 한명에게 연락처를 받은 일 등을 주저리주저리 늘어놓았다. 반면 가나는 창백한 얼굴로 아무 말이 없었다.

조금 뒤 가나가 몸이 끈적거린다며 좀 씻었으면 좋겠다고 말했다. 목욕물을 받고 수건을 준비해두고는 "누가 먼저 할래?" 하고 물었더니, 가나가 사나에를 보며 먼저 하라고 했다. '가나가 먼저 목욕하고 싶다고 해놓고선' 하는 생각을 하면서 사나에를 욕실로 데려다줬다. 방에 남은 가나에게 "뭐 좀 마실래?" 하고 물었다. 가나는 코코아가 마시고 싶다고 했다.

작은 부엌으로 자리를 옮겨 가나에게 의자에 앉아 있으라 하고는 코코아를 만들었다. 코코아쯤은 맛있게 만들 자신이 있었다. 작은 냄비를 뭉근한 불로 데우고 초콜릿 조각을 녹인 뒤 우유를 부으면 정말 맛있는 코코아가 된다.

머그컵에 코코아를 가득 담아 설탕을 넣고 마시멜로 한 조각을 떨어뜨려 내놓았다.

가나는 양손으로 컵을 감싸듯이 잡고는 천천히 코코아를 마셨다.

그리고 어젯밤에 있었던 일을 말하기 시작했다.

모르는 남자들이 말을 걸어와 함께 차에 탔고, 사나에는 그중 한 남자와 섹스를 했다고, 자기한테도 다른 남자가 섹스를 하자고 했는데 거절하고 차 밖에 있었다고, 사나에와 모르는 남자가 탄 차를 줄곧 밖에서 쳐다봤다고, 그리고 지금은 사나에가 싫다고.

가나의 말은 자주 끊겼다. 나는 아무런 대꾸도 하지 않았다. 무슨 말을 해야 할지, 정말이지 알 수가 없어서였다.

말을 마치고 멍하니 앉아 있는 가나에게 피곤할 테니 오늘은 집에 들어가서 저녁을 먹고 푹 자는 게 좋겠다고 말했다. 그리고 엄마에게 가나네 집에 대신 전화를 걸어달라고 말하겠다고, 가나를 데리러 와달라고 하겠다고 덧붙였다.

가나는 곤혹스러운 표정을 지었다.

사나에가 목욕을 마치고 나오자 가나가 욕실에 들어갔다. 사나에는 부엌에 들어오자마자 이제 집으로 돌아가고 싶다고 말했다.

나는 두 친구네 집에 전화를 걸어달라고 엄마에게 부탁했다.

사나에의 아버지는 곧바로 도착했다. 잠시 집 앞에서 어른들이 수군거리는 소리가 들렸다. 사나에 아버지가 가나를 집까지 데려다주겠다고 했다.

사나에는 조수석에, 가나는 뒷좌석에 탔다. 차가 떠나자 밖은 순식간에 깜깜해졌다.

모두 돌아가고 난 뒤 나는 왜 가나의 집에서는 가나를 데리러 오지 않았는지 엄마에게 물었다. 엄마는, 우린 가나가 없는 줄도 몰랐다는 말을 들었다고 했다. 데리러 와달라고 했더니 혼자서 오라고 전해달라는 말도. 하루가 지나도록 가나가 없다는 사실을 몰랐다는 게 도대체 무슨 의미인지, 밖이 이렇게 깜깜한데 왜 데리러 오지 않는 건지 이해가 안 된다고 화를 내자 엄마는 집마다 각각 사정이 있는 법이라고 했다. 내가 모르는 삶, 내가 모르는 일이 세상에는 무수히 많다고도 했다. 교사였던 엄마는 반 아이들의 집에 수도 없이 드나들었고 연휴가 길게 이어질 때면 먹을 것을 들고 찾아가기도 했다.

하지만 나는 집마다의 사정 같은 건 알고 싶지 않았다. 지쳐서 기진맥진한 채 밤새 돌아다니다 모르는 남자의 차에 타 섹스를 했다니 끔찍했다. 흔들리는 차를 쳐다보며 다음은 내 차례일지도 모른다고 생각했을 가나가 가여웠다.

✦

사나에는 차에서 섹스한 상대와 두 번 더 만났는데 그 뒤로 연락이 끊겼다고 했다.

가나는 처음으로 신나를 흡입한 뒤 나를 찾아왔다. 함께 신나를 마신 선배가 "엄마, 엄마" 하고 울었다고 했다. 내내 울었다고 했다.

가나의 이야기를 듣다 보니 그동안 멋있다고 생각했던 선배도 줄곧 동경해왔던 가나도 모두 한심스럽고 미웠다. 그때는 그런 모습에 환멸을 느꼈던 것 같다. 하지만 이 글을 쓰는 지금은 가나도 아마 그때 울고 있지 않았을까 하는 생각이 든다. 그 일이 있고 얼마 지나지 않아 가나의 어머니가 돌아가셨고 가나는 종적을 감췄다.

그 뒤로도 여러 일이 있었다.

여자아이들의 피곤한 얼굴을 볼 때마다 나는 점점 진절머리가 났다. 그녀들의 가정사를 하나하나 알게 될 때마다 내 안의 밝은 빛들이 하나둘 꺼져가는 기분이 들었다.

이 거리는 폭력을 품고 있다. 그리고 그 폭력은 여자아이들을 향한다.

중학교 3학년으로 올라가기 며칠 전 나는 고향을 떠나기로
마음먹었다. 할 수 있는 한 멀리 가자, 담배 연기와 신나 냄새에서 멀리
도망가자고 다짐했다. 부모가 공무원이거나 교사인 아이들은 마을에서
멀리 떨어진 학교로 진학했다. 그렇게 해서 마을을 떠나고 모르는 사람들
틈에서 새로운 생활을 만들어갔다. 피곤에 찌든 여자아이의 얼굴을 나는
이제 그만 보고 싶었다.

나는 혼자서 입시학원을 알아보고 학원에 다녔다. 1년 동안 죽을 힘을
다해 공부했고 1지망이었던 고등학교에 합격했다. 그리고 열다섯 살이 되던
해에 고향을 버렸다.

✦

고등학생이 되고 대학생이 되고 대학원생이 되었다. 졸업한 후에는 교육
관련 일을 했다.

도쿄에서는 조사 업무를 했다. 여자 고등학교와 초등학교의 한 학급을
지속적으로 관찰하며 데이터를 수집하는 학교 문화기술지(ethnography),
고등학교를 졸업한 이후의 계속적인 인터뷰 조사, 아동 및 청소년의
학교생활 관련 통계 조사 등 형태는 달랐지만 대체로 여자아이들의 친구
관계와 성인이 되는 과정을 주제로 삼았다.

학교에서 역까지의 먼 거리를 같이 걸으면서, 인터뷰가 끝난 뒤
맥도날드나 자동판매기 앞에서, 또는 하룻밤 신세를 진 아이의 방에서,
아니면 집으로 돌아오고 나서도 전화나 메일로 이야기를 이어갈 때가
많았다. 가족이나 남자친구와의 갈등, 폭력, 범죄에 연루된 일, 임신, 낙태
같은 고민을 털어놓았다.

줄곧 여자아이가 어른이 되는 과정을 좇으며 살아온 것은 어쩌면 내가

버린 고향, 그곳에 두고 온 여자 친구들 때문일지도 모르겠다. 오키나와에 계속 살았다면 나는 어떤 친구를 만나고 어떤 삶을 살았을까. 왜 여자아이들은 스스로 선택할 수 있는 상황에서조차 결국은 폭력으로부터 자유롭지 못한 곳으로 자신을 몰아넣고 마는 것일까. 어른 되기를 어떻게 해서든 미루고 미루면서도, 내 눈앞에서는 눈 깜짝할 사이에 어른이 되고 마는 여자아이들의 삶을 나는 오래도록 마주해왔다.

오키나와에서 진행한 조사는 그동안 도쿄에서 해왔던 조사의 연장선상에 있다. 질문 내용이나 조사를 하면서 만난 아이들과 관계를 맺는 방식에는 그다지 큰 차이가 없다. 다만 지금까지는 아이들의 삶에 깊이 관여하지 않았지만, 이번 조사에서는 필요할 때에는 직접 나서서 지원하기도 했고 사건에 개입하기도 했다.

조사 경험이 쌓이면서 아이들이 곧이어 맞닥뜨릴 위험을 예측할 수 있었기 때문인지도 모르겠다. 아니 어쩌면 내가 태어나고 자란 내 고향, 그 낯익은 거리에서 누군가의 모습이 사라지는 일을 두 번 다시 겪고 싶지 않았기 때문일 수도 있다.

구술은 아이들이 지정한 장소, 이를 테면 직장이나 익숙한 가게 등에서 이루어졌다. 어린 시절, 지금 하는 일, 가족과 남자친구와의 관계, 육아 등에 관해 물었고 대화 내용은 모두 녹음했다. 음성 파일을 문서로 옮긴 뒤 다시 만나 기록을 확인했다. 현장 노트 기록, 메일, 편지 내용은 아이들의 허가를 받고 사용했다.

완성한 원고를 보여주고 의견과 감상을 들었다. 함께 가명을 만들고 사생활 보호 차원에서 삭제하고 변경할 부분을 정했다.

연락을 취하는 방식은 각자 선호하는 것을 따랐다. LINE, 메일, 우편을 주로 이용했고 요청이 있을 때에는 페이스북을 사용하기도 했다. 가족과 아이, 연인과 친구, 직장 동료를 만나 인터뷰하기도 했다.

열다섯 살에 등지고 떠났던 거리로 나는 돌아왔다. 이번에는 도망치지 않고 당당히 현실을 마주하려 한다. 이곳 여자아이들의 삶을 기록하려 한다.

이 책은 오키나와 밤거리를 헤매던 소녀들이 오롯이 홀로 설 곳을 만들어나갈 때까지의 이야기를 담고 있다. 나고 자란 곳에서 가족, 연인, 또는 모르는 남자에게 폭행을 당하다 그들로부터 도망쳐 스스로 자신의 보금자리, 자신이 안전하게 머물 공간을 만들기까지의 이야기이다.

이 조사는 2012년 여름부터 2016년 여름까지 4년에 걸쳐 이루어졌다.

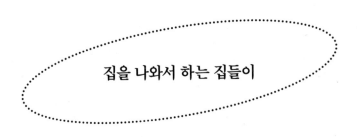

집을 나와서 하는 집들이

오키나와로 가게 됐다고 했을 때 한 선배 연구자가 이런 말을 했다.
장소에 대한 감각은 연구·조사를 잘하기 위한 무척 중요한 조건이라고
말이다. 믿고 따랐던 연구자의 격려에 더욱 마음이 들떠 "열심히
하겠습니다, 정말 열심히 할게요" 하고 웃으며 응수했다. 그렇게 설레는
마음을 안고 오키나와로 돌아왔다.

　도쿄에서는 조사차 나섰을 때 종종 길을 잃고 거리를 헤매곤 했다.
하지만 오키나와에서는 취재 대상이 지정한 장소에 단 한 번도 헤매지
않고 찾아갔다. 대부분 어린 시절 친구들과 어울려 누비고 다녔던
거리였다.

　유흥업소에 처음 전화를 걸었을 때 가게 주인은 "취재하러 올 거면
밤 9시 반에 혼자 가게로 오쇼. 혼자 오기 겁나면 신문기자든 대학생이든
데려와도 좋고"라고 말했다. "그 건물 알아요. 주차는 어떻게 할까요?
일단 가게 앞에 세워도 될까요?"라고 물었더니 "아, 기다리고 있겠습니다.
조심히 오십시오"라고 느닷없이 존댓말을 했다.

　아이들이 일하는 가게에서 살고 있는 집까지의 이동시간도 거의

정확하게 파악할 수 있었다. 그리고 그 이동시간은 집과의 감정적 거리감을 나타내는 상징이자, 아이들과 지역 공동체와의 관계를 고스란히 보여주는 척도라는 사실을 알아차리는 데에도 그리 오랜 시간이 걸리지 않았다.

똑같은 조사를 해왔지만 도쿄에서는 자각하지 못했던 사실이다. '아, 이런 것이 바로 장소에 대한 감이라는 거구나' 하고 도쿄를 떠날 때 들었던 말이 떠올랐다.

✦

2012년 여름 오봉야스미(お盆休み, 매년 8월 15일을 전후로 지내는 일본의 명절—옮긴이) 무렵 처음 유카를 만났다.

그때 유카는 스무 살이었다. 유카는 며칠 동안 캬바쿠라에서 아르바이트생 신분으로 일하다 돈이 모이면 일을 그만두고 돈이 바닥나면 다시 일을 하러 나갔다. 스스로를 '슈퍼 니트'(니트[NEET]는 직업을 가지려고도, 교육이나 직업훈련에 참여하지도 않는 사람을 일컫는 말로 영어 Not in Employment, Education or Training에서 따왔다—옮긴이)라 칭하며 캬바조(キャバ嬢, 캬바쿠라에서 일하는 여성을 일컫는 말—옮긴이)라는 자각은 거의 없었다. 집에서 지내고 있어서 돈이 많이 필요하지 않다고 했다.

유카네 가족은 건축업을 하는 아버지와 청소업체에서 일하는 어머니, 결혼한 오빠 부부와 오빠네 아이, 유카, 이렇게 여섯 명이다. 여섯이서 방 두 개와 작은 거실 겸 주방이 있는 연립주택에서 살았다. 유카는 집에서 지내는 날이 거의 없었다. 좋아하는 남자가 생기면 바로 남자의 집으로 들어갔고 헤어지면 집으로 돌아오는 생활을 되풀이했다.

맨발로 도망치다

집에 있을 때는 방구석에 틀어박혀 담요를 뒤집어쓰고 휴대전화나 만지작거리며 보냈다는 유카에게 "어, 유카, 자기 방이 있었어?" 하고 물었다. "아빠, 엄마랑 잠자는 방이 유카 방. 근데 뭐, 어디서든 잘 잤어"라고 말하는 유카는 지금 생활이 자유롭고 즐겁다고 했다.

유카에게는 아이가 있다. 열여섯 살에 임신을 하고 결혼해 열일곱 살에 남자아이를 낳았다. 언제부터였을까. 남편은 갑자기 차려놓은 밥상을 유카의 눈앞에서 쓰레기통에 던졌다. 빨아놓은 작업복이 마음에 안 든다며 다시 빨라고 시켰다. 그런 나날이 계속되던 어느 날, 유카가 칼을 꺼내 남편을 찌르려 했다. 그리고 둘은 이혼했다.

유카는 자신이 아이를 데리고 가 키울 작정이었다. 그동안 혼자서 아이를 도맡아 키워왔으니 당연한 일이라 여겼다. 하지만 어느 날 시어머니가 유타(그夕, 오키나와 민간 신앙의 사제―옮긴이)를 데리고 들이닥쳐서는, 유카네 집에 아이가 있으면 가족이 화를 입는다는 신의 계시가 있었다면서 갓 8개월이 된 아기를 데리고 가버렸다. 결국 유카는 혼자서 집으로 돌아왔다.

유카가 열여덟 살 때의 일이다.

여러 번 만나는 동안 유카는 자신의 성장기와 결혼생활을 조금씩 풀어놓았다. 요즘 사촌들이랑 폭주족 흉내를 내고 다니는 데 재미가 들렸다면서, 자기는 초등학교 때부터 여자 친구가 한 명도 없었고 어릴 적부터 늘 사촌들과 어울렸다고, 집에 돌아오면 책가방을 던져놓고 곧장 이웃에 사는 사촌인 슌야네 집으로 달려갔고, 처음 섹스를 한 날에도, 열여섯 살에 임신을 했을지도 모른다는 생각이 든 순간에도 사촌인 레이토를 제일 먼저 찾아갔다. 유카는 임신 테스트기로 임신을 확인하자마자 결혼하기로 마음먹었다. 신혼 생활은 남편의 할아버지

집을 나와서 하는 집들이

집에서 시작했는데, 알코올 중독이었던 시할아버지가 욕실을 엿보려
했다고, 그 집에 도저히 있을 수 없어 3만 6000엔에 방 두 개짜리
연립주택을 빌려 남편과 둘이 살기 시작했다고 했다. 출산할 때는 곁을
지켰지만 남편은 단 한 번도 아이를 돌봐준 적이 없었다고, 아이의 이름은
미즈키라고 지었고, 밤마다 우는 미즈키를 늘 자기 배 위에 올려놓고 잠을
잤다고 했다. 예쁘장하게 생긴 미즈키에게 키티가 그려진 분홍색 옷만
입혔다고도.

  유카와 산부인과에 갔던 날, 옆에 있던 유카가 사라져 찾으러
돌아다녔는데 유카는 신생아실 앞에 멍하니 입을 벌린 채 서 있었다. "유카"
하고 불렀더니 창문 너머에 있는 신생아를 쳐다보며 "아, 정말 귀엽다.
데려가고 싶다"고 중얼거렸다. 조금 머뭇거리다 "미즈키는 어땠어?"라고
물었다. "태어났을 때는 저만했어"라고 유카가 한 아기를 가리키며 말했다.

✦

가을이 되었을 무렵부터 유카는 아이 이야기만 나오면 울음을 터뜨렸다.
우치코시 씨가 오키나와에 와 있어서 셋이 만나 점심을 함께한 날이었다.
"지난주가 미즈키 생일이었는데"라고 유카가 불쑥 말을 꺼냈다.
"일어났더니, 시어머니가 있었어. 미즈키 생일이었는데 파티에 나도
오라고." 시어머니는 미즈키의 생일 파티에 오라는 말로 시작해서 설교를
늘어놓았다고 한다.

> 왜 [시어머니가] 왔는지도 모르겠고.
> 무슨 말을 하는지도 모르겠고. 생일에
> 오라고 했는데, 엄마만 가기로 했어.

맨발로 도망치다

유카는 왜 안 갔어?

그냥 잤어.

휴대전화로 사진 찍었네?

엄마. [중략] 엄마한테 [미즈키
사진] 찍어달라고 문자 보냈더니,
보내줬어. …밥 먹으면서 혼자 울었어.

왜?

그냥 보고 싶어서. 갑자기.

많이 울었어?

종일 울었을걸, 그날. 시어머니가
왔는데, 왜 왔는지도 몰랐고 [중략].
울면서, 운전해서 세키즈(피자
체인점–옮긴이)에 가서 피자 먹었어.

응? 누구랑?

모두 같이.

그럼 사람들 있는 데서 온 거야?

응.

계속?

응, 세키즈에 있을 때 울고 있었어.

같이 있던 사람들은 어떻게 했어?

웃고 있었지.

눈물만 흐른 거야?

응. 근데, 선글라스 쓰고 있어서 몰랐을
거야, 아무도.

[2012년 11월 12일]

집을 나와서 하는 집들이

차라리 소리 내 울었으면 좋았을걸. 내 눈앞에 조용히 앉아 소리없이 눈물만 흘리고 있는 유카는 아직 스무 살이었다.

✦

2013년 봄, 유카에게 새 남자친구가 생겼다.

이름은 류키이고 다섯 살 연상으로 건축 현장에서 일용직으로 일하는 이혼남이었다. "류키가 자기 친구들한테 날 소개했어"라고 유카는 들뜬 목소리로 말했다. 막 데이트를 시작한 커플의 풋풋하고 아기자기한 이야기는 내 마음까지 설레게 했다. 그런데 어느 샌가 남자친구 자랑은 류키가 자기랑 똑같은 담배를 피우라고 했다거나, 류키의 구속이 점점 심해서 요즘은 옷이나 머리 모양까지 일일이 간섭한다는 이야기로 바뀌어갔다. 듣고 있으려니 점점 손끝이 차가워졌다.

"유카, 이런 녀석은 언제 널 때릴지 몰라. 내가 얼굴이라도 봐줘야 겠어"라고 유카에게 말했다. "응, 전처는 두 번이나 병원에 실려 간 적이 있대." 유카가 웅얼거렸다.

가는 길에 선물을 사서 A에 있다는 류키의 집으로 간다는 유카를 데려다줬다. 류키에게 인사를 하고 일하는 현장이 어디인지, 회사 이름은 무엇인지 등을 물었다. 그러고 나서 차를 돌려 나왔다. 머릿속에는 '만약 유카에게 무슨 일이 생기면 어디로 연락을 해야 하지'라는 걱정이 맴돌았다.

골든위크(일본에서 공휴일이 모여 있는 4월 말~5월 초—옮긴이)를 즐기던 어느 날 밤중에 유카에게서 전화가 왔다. 유카가 연락한 적은 종종 있었지만 이렇게 늦은 시각에는 처음이었다. 아무래도 류키가 폭력을 휘둘렀고, 갈 곳이 없어서 연락을 했으리라 어림짐작하며 유카를 만나러 갔다.

맨발로 도망치다

약국 주차장에서 유카를 만났는데 언뜻 보기에 상처는 없는 듯해
일단 한숨을 돌렸다. 유카는 할 말이 있다며 조용한 곳으로 가고 싶다고
했다. 문을 연 가게가 없어서 결국 시끌벅적한 술집으로 들어갔다.

가게 종업원에게 담배를 부탁하면서 유카가 지갑에서 천 엔짜리
지폐를 꺼냈다. 지폐는 지갑 깊숙이 조그맣게 접힌 채 보일 듯 말 듯 숨어
있었다. 뚫어져라 돈을 쳐다보는 나를 보며 유카는 "놀랐어?" 하고 웃었다.
"류키가 돈을 자꾸 빼 가서"라고 말하며 유카는 담뱃갑을 열었다.

줄담배를 피우며 유카는 더듬더듬 골든위크에 있었던 일을
털어놓았다. 류키의 친척이 와 있어서 줄곧 혼자 류키의 방에 처박혀
있었다고, 그리고 기분 나쁜 일이 있었다며 말을 이었다.

친척 아이가 멋대로 방에 들어와
사슴벌레 싸움을 붙이자면서, 싸우게
해서, 방, 더러워지고, 흙투성이가
되고 그랬는데, 류키가 돌아와서는 방
치우라고 화내서, 혼자 방 정리를 다
했어.

유카가 더럽히지도 않았는데?

응. …사슴벌레, 한 마리는, 죽을 것
같아, 싸움 붙여서.

사슴벌레는 어디서 났어?

아빠가 줬어. 얼마 전에 집에 갔을
때, 밥 먹고 나서 또 A에 간다고
했더니 사슴벌레를 갖고 가라면서
줬어. … 도대체 왜 그런 걸 갖고

집을 나와서 하는 집들이

가라는 건지. 이해가 돼?

아빠는 류키가 전처 폭행했던 거 알고
있지 않아?

응, 아마 알 거야. 오빠가 말했을
테니까.

류키네로 가지 말라고 해도 아빠 말을
들을 딸이 아니니, 어쩔 수 없이 자기
대신에 사슴벌레를 준 게 아닐까.

그런 걸까.

[2013년 5월 5일]

"그래, 바보야"라고 유카에게 말했다.

나는 화가 났다.

사슴벌레끼리 싸우게 만들 때에는 먼저 사슴벌레의 머리 부분을
집요하게 찔러서 화를 돋운다. 그런 다음 좁은 곳에 집어넣으면 평소에는
공격하지 않는 동료 사슴벌레를 공격한다. 힘이 약한 사슴벌레는 아무리
도망쳐도 강한 사슴벌레 앞으로 다시 끌려온다. 그렇게 약한 사슴벌레는
점점 기력을 잃고 죽고 만다.

건축현장에서 일하는 사람은 어떤 나무에 사슴벌레가 모이는지
잘 안다. 여름이 되면 아이와 함께 사슴벌레를 채집하러 나서기도 한다.
개중에는 데리고 온 사슴벌레를 소중히 기르는 사람도 있다. 그런 집에는
작은 생명체가 늘 있다. 유카네 집에는 유카의 아버지가 기르는 사슴벌레,
금붕어, 동박새가 있다. 아버지의 세심한 손길 덕분인지 모두 건강하다.

유카의 아버지는 딸과 같이 사는 남자가 상습적으로 폭행을 일삼는
사람이라는 사실을 알고 있었다. 하지만 딸이 그에게 가는 것을 막을 돈도

권위도 없었다. 그는 언젠가 얻어맞을지도 모를 딸의 곁에 자신이 기르던 사슴벌레를 보내는 것밖에 할 수 없었다.

사슴벌레를 싸움 붙였다는 얼굴도 모르는 남자아이들에게도, 여자를 때리는 류키에게도, 그런 남자와 헤어지지 못하는 유카에게도 화가 났다. 헤어질 때 유카의 눈가가 축축해진 것을 알았지만, "안녕, 다음에 보자" 인사하며 손을 흔들고는 서둘러 주차장을 빠져나왔다.

고속도로 나들목을 지나서야 냉정을 되찾았다. 그리고 차분하게 방금 전 만남을 처음부터 되짚어보았다. 오늘 유카의 모습은 이상했다. 유카가 만나자고 한 장소는 약국이었다. 화장실이 밖에 있던 약국. 임신테스트기를 사서 함께 확인해보고 싶었던 것은 아닐까. 오늘 나한테는 뭔가 말을 꺼내기 어려운 분위기가 있어서 말할 수 없었던 것인지도 모른다. 다시 만나 봐야 한다. 내일 시간을 좀 내야겠다고 생각하며 잠자리에 들었다.

다음 날, 유카가 아니라 유카의 친척인 아오이에게서 문자가 왔다. 유카가 그저께 뺑소니 사고를 일으켰다고 했다. 어젯밤에 그 일을 상의하러 내게 연락을 했는데 결국 얘기를 못 한 모양이라고 했다. 아오이에게 전화를 걸어 유카가 지금 어디에 있는지 물었다. A에 있다고, 그런데 오늘 아침에 보낸 문자에 답이 없다고 했다.

유카에게 문자를 보냈다. "괜찮아? 어제 제대로 얘기 들어주지 못해 미안. 아오이가 연락을 줬어. 얘기 좀 하고 싶어." 유카에게서 "어제는 말을 못 했어. 경찰서에 같이 가줬으면 좋겠어"라고 답장이 왔다. "한 시간 안에 갈게. A로 데리러 갈게"라고 문자를 보내고 류키의 집으로 차를 몰았다.

류키의 집에 모인 친척들은 바비큐 파티를 시작할 모양이었다. 근처 작은 공원에서 스무 명 남짓한 어른이 맥주를 마시고 있었다. 아이들은 어른들 사이를 뛰어다니며 놀고 있었다. 햇살이 따사로운 봄날이었다.

집을 나와서 하는 집들이

집 앞에서 유카에게 전화를 했더니 검은색 운동복을 입고 젖은
머리를 대충 묶은 유카가 화장기 없는 얼굴로 차에 뛰어들었다.

뭐 좀 먹을까? 뭐가 좋을까?

　　　　　　　　　　　　　　　…아무것도. …아무거나.

아무것도 안 먹었어?

　　　　　　　　　　　　　　　이틀 동안 아무것도 안 먹었어.

일단 어디 가서 뭐 좀 먹자.
엔다(A&W, 일본에서는
오키나와에만 들어와 있는 미국
브랜드의 햄버거 가게–옮긴이)
드라이브 스루 괜찮아?

　　　　　　　　　　　　　응.

따뜻한 걸 먹어야 할 텐데.

　　　　　　　　　　　　　괜찮아, 오렌지 주스면 돼.

그래도.

패스트푸드점에서 음식을 받아 지붕이 있는 건물 주차장에 차를 세우고
유카의 손에 커피가 든 컵을 쥐어주었다. 온기를 느낀 유카의 얼굴이
누그러지는 걸 보면서 조용히 말을 꺼냈다.

유카, 무슨 일이 있었는지 천천히
얘기해볼래.

　　　　　　　　　　　　　토요일, 선배가 입원한 병원에 갔어.
　　　　　　　　　　　　　아기를 낳았거든. 전에 낙태를 한

적이 있던 선배여서. 얼굴 보고 A로
돌아가려는데 일주일 동안 잠을
못 자서, 류키, 집에 안 들어오니까
기다리느라 잠을 못 잤거든. A쪽에
새 길이 생겼잖아? 확 트인 쭉 뻗은
길. 거기서 그 길로 가면 빠르니까,
가다가, 계속 잠을 못 잤으니 아마
멍한 상태에서. … 왼쪽에서 합류하는
지점에서 자전거를 쳤어. … 위로
솟구쳤는데, 자전거도 사람도, 그런데
무서워서, 너무 무서워서 그냥
도망쳤어. … 눈을 감으면 그 장면이
떠올라 잘 수가 없어. 그래서 아무래도
경찰서에 가야 될 것 같아서 [중략].

경찰서에 가면, 지금 했던 얘기,
다시 한 번 할 수 있어?

응.

만약 경찰서에 갔는데 바로 구금되면
뭐라고 말하면 좋을까? 류키랑,
아버지, 어머니한테.

내가 직접 말하고 싶어. 류키한테도,
아빠한테도. 류키 차니까, 그러니까.
이야기하고 미안하다고 해야지.

응, 경찰서에 가서 부탁을 해보자.
하지만 안 된다고 하면 내가 얘기해도

집을 나와서 하는 집들이

돼? 아버지 만나서. 그리고 류키
집에서 사슴벌레 데리고 아버지
집으로 돌아가자. 아버지에게
사슴벌레, 지금은 상처가 났지만
건강하게 돌봐달라고 부탁하자.

응. 응.

[2013년 5월 6일]

경찰서로 향하는 차 안에서 다시 한 번 처음부터 어떻게 말할지 연습했다.
경찰서에 도착해서 꽤 오래 사건에 대해 진술했고 조서 작성까지
끝마치고 나서야 사고 피해자의 상태를 알 수 있었다.

　"입원을 하기는 했는데 가벼운 부상이라 생명에는 지장이 없습니다.
평소 운동을 많이 하는 사람이라서 몸을 잘 보호하면서 떨어졌나 봐요.
골절도 없었습니다."

　조금 마음이 놓였다.

　하지만 "지금부터 현장 검증을 하러 가겠습니다. 현장 검증은
자동차가 있는 A에 가서 차를 확인하고 난 뒤에 할게요"라는 경찰관의
말에 핏기가 싹 가셨다.

　"죄송한데 오늘 말고 다음으로 미뤄주시면 안 될까요? 이 애 남자친구
이름이 류키입니다. 집은 A에 있고요. 전처 폭행사건, 경찰에서도 알고
계시지요? 지금 집에 친척이 모여 바비큐 파티를 하고 있어요. 친척이 있는
데에서 경찰이 현장 검증을 했다가는 이 애 오늘 밤 분명 얻어맞을 겁니다.
내일, 제가 다시 데리고 올 테니까 오늘은 그냥 돌아가게 해주세요."

　긴 침묵이 흐른 뒤 가능한지 확인해보겠다며 자리를 뜬 경찰관이
돌아와 말했다.

"알겠습니다. 내일 10시에 현장 검증을 시작하고 싶은데 괜찮으시겠습니까? 유카 씨, 오늘 밤 직접 남자친구에게 얘기할 수 있겠습니까? 자수는 4시 23분에 성립됐습니다. 내일 꼭 오십시오."

경찰서에서 나와 유카의 집으로 향했다. 유카 아버지에게 전화해 나와 달라고 부탁을 하고 집 근처 공터에 차를 세웠다. 달려 나온 아버지와 유카의 대화를 나는 가만히 듣고 있었다.

자초지종을 들은 유카 아버지가 "잘못을 했으면 사과하러 가야지. 내일, 함께 가자"라고 다정하게 말하자 유카는 미안하다는 말을 반복하며 주저앉아 울었다.

내일 어떻게 할지 셋이서 의논을 하고 유카 아버지는 집으로 돌아갔다. 유카는 한참을 그대로 앉아 있었다. 며칠 동안 잠을 못잔 데다 계속 울었으니 피곤했으리라.

버려진 담배꽁초를 피해 유카에게 돌멩이를 찼다. 유카도 받아 찼다. 공터에서 유카네 집이 보였다. 커다란 파파야 나무가 있는 밭 근처는 사촌인 슌야네 집이다. 유카가 매일이다시피 드나들던 곳이다. 유카는 어린 시절 이 길을 수없이 오갔다고 했다.

저 밭, 지금은 누가 돌봐?

　　　　　　　　　　　　아빠가 가끔…. 그런데 자주 안 가서
　　　　　　　　　　　　잡초만 잔뜩 있어.

파파야 나무가 있네. … 유카는 이런
곳에서 자랐구나.

　　　　　　　　　　　　여기서 쭉 살았어. 매일 슌야네 집에
　　　　　　　　　　　　왔다 갔다 했지.

할아버지 밭 계단 통해서?

　　　　　　　　　집을 나와서 하는 집들이

그건 벌써 망가졌지, 판자가 썩어서. …
이 길 돌아서. … 순야네 집 가고.

2분 정도?

아마 1분, 뛰어가면.

다 보이네.

응…. 저쪽에 미끄럼틀이랑 그네가
있었어.

없는데. (웃음)

아빠가 버렸지. 유카랑, 모두 다
지독하게 말을 안 들었으니까. (웃음)

하하.

아빠가 버려버렸어.

이런. 딸아이, 그네 태워서 신나게
해주려 했는데 말이지. (웃음)

담배 피우고. (웃음)… 맨날 어른들
속여가면서 나쁜 짓만 했으니까. …
매일 그놈한테 얻어터졌어.

그놈?

오빠. …집 나가고 나서. 무서워서
집 나가고 나서…. 그놈은 오키나와
어딜 가나 아는 사람이 있으니까.
… 나고(오키나와현 북부에 위치한
도시─옮긴이), 이토만(오키나와현
최남단에 위치한 도시─옮긴이) 어디든.
그놈이야말로 폭군이야, 폭군.

맨발로 도망치다

흠.

도망가, 늘 도망가. 붙잡히고.
또 얻어맞고. 맞는 게 무서워 또
도망가고.

흠.

가출을 하면, 가출해서 남자친구네로
가도 오빠가 찾아내서 때리고,
그게 무서워서 또 도망가고…. 늘
도망 다녀, 늘. 무서워서 도망가고.
도망가서, 얻어맞고. …왜 난 항상
도망 다녀야 하는 걸까….

[2013년 5월 6일]

부모 집에서 사는 유카의 오빠는 자기 아내에게도 폭력을 휘둘렀다.
어머니를 때린 적도 있다고 한다. 어머니를 때린 걸 알았을 때
아버지는 당장 오빠를 내쫓았지만 오빠는 다시 집으로 돌아왔고 작은
연립주택에서 함께 살고 있다. 유카는 어렸을 때부터 폭력이 일어나는
순간을 감지하면서 성장했다. 오빠가 화가 났다 싶으면 곧바로 손에
잡히는 옷만 낚아채 집을 뛰쳐나갔다고 한다. 폭력 상황을 모면하기 위해
유카는 단 1초라도 빨리 도망치는 방법을 몸으로 체득했다.

자동차 사고를 내고 공포에 휩싸인 유카는 늘 그랬듯이 그곳에서
도망쳤고, 그렇게 해서 뺑소니 사고가 되고 말았다.

유카를 데리고 류키의 집에 도착했을 무렵에는 어느새 어둠이 깊게
내려앉아 있었다. 방 안에서 이야기를 하면 유카를 지킬 수 없겠다는
생각에 류키에게 전화를 걸어 사람들이 제법 있을 만한 주차장으로 나와

집을 나와서 하는 집들이

달라고 했다.

그래도 역시 류키와의 대화는 결렬됐다.

유카가 경찰서에 간 사정을 이야기하자마자 류키는 내가 보는 앞에서 "뭐, 야, 네가 범인이야!", "자전거 다 망가졌다는데. 뭐?", "불쌍하지도 않아, 이 멍청아!" 하고 욕을 퍼부었다. 주차장에서 유카를 다그치며 욕을 해대는 류키는 연이은 외박으로 유카를 불안에 떨게 했던 점에 대해서는 단 한 마디도 언급하지 않았다.

나는 그길로 유카를 집으로 데리고 갔다.

류키네 집에서 두 달을 보낸 유카의 짐은 옷 몇 벌과, 샴푸, 린스, 사슴벌레뿐이었다.

✦

다음 날 현장 검증이 있었다. 유카는 구금되지 않았고, 검증이 끝난 뒤 곧바로 귀가할 수 있었다. 상대가 소송을 취하했고 유카가 자수했기 때문이다. 경찰은 이제 법원의 연락을 기다리라고 했다.

집으로 돌아갈 때 유카는 아버지 차가 아닌 내 차에 탔다. 유카의 휴대전화 대기화면은 류키와 둘이 함께 찍은 사진에서 키티 사진으로 바뀌어 있었다. 두 사람은 이제 다시 만날 일이 없을 것이다. 유카가 류키의 폭력에 벌벌 떠는 날은 일단 끝났으니 천천히 기운을 차렸으면 좋겠다고 생각했다.

그렇게 일주일이 지났을까. 유카가 임신을 했다는 소식이 날아왔다. 유카는 또다시 류키가 사는 동네로 돌아갔다. 아이가 생겼으니 류키와 다시 시작할 수 있을 거라고 생각한 모양이다.

류키네 집으로 돌아간 유카는 먹는 족족 다 토했다. 집에 들어오지

맨발로 도망치다

않는 류키를 아침까지 기다리면서 종일 혼자 방에 처박혀 있었다. 유카는 가끔 집에 돌아가기도 했다. 유카의 임신을 알게 된 유카의 오빠는 "유카 임신했대!" 하며 가족에게 야단스럽게 떠벌렸다. 이를 들은 어머니는 화를 냈고 유카에게는 한 마디도 하지 않았다.

나는 유카를 밖으로 불러내 류키랑 헤어지는 게 좋겠다고 여러 번 타일렀다. 그럴 때마다 유카는 "내일은 웃어줄지도 몰라"라고 말을 잘랐다. 오늘 웃지 않는 놈은 내일도 웃지 않는다고 설득했지만 "그래도"라며 유카는 말꼬리를 흐렸다. 만나면 늘 똑같은 대화가 되풀이됐다.

어느 날, 유카가 말했다. "아이가 있으면 류키가 언제 돌아올지 기다리지 않아도 될 거야. 사슴벌레도 한 마리 데려왔고." 이 말을 듣고 '아, 이제는 소용없겠다' 싶었다. 어떤 결과로 이어질지는 모르겠지만. 몇 해 전 밤새 우는 미즈키를 올려놓고 재우던 유카의 배 속에는 이제 새 생명이 자라고 있다. 임신중절수술로 그 배가 텅 비게 되는 걸 보고 싶지는 않았다. 그저 "알았어. 응원할게"라는 말밖에 해줄 수 없었다.

임신 6개월 검진이 끝났을 무렵 유카가 태아는 순조롭게 잘 크고 있으며 집으로 돌아가기로 마음을 정했다고 연락을 해 왔다. 마침 출장을 가 있을 때였다. 류키는 여전히 집에 들어오지 않고 방에 혼자 있으면 류키의 아버지가 잔소리를 해댄다고, 이제 모아놓은 돈도 바닥나서 출산 준비 때문에 다시 캬바쿠라에서 일하기로 했다는 소식이었다.

이튿날 밤, 유카에게서 문자 한 통이 도착했다. "6개월 된 아기를 지우려면 얼마가 들까?" 유카는 정말로 슬픈 일이 있어서 자기에게 일어나는 일에 제대로 대처할 수 없을 때면 이렇게 감정을 모두 제거한 말투를 썼다. "30만 엔은 있어야 할 거야", "돈도 돈이지만 임신 중기에 중절수술을 하는 건 출산과 똑같대. 지금 다니는 병원에서는 안 될 거야.

집을 나와서 하는 집들이

유카, 무슨 일 있었어?"라고 문자를 보내자, 조금 뒤 전화가 울렸다.

류키가 "돈도 없고, 행복해질 리도 없으니 아이 지워"라고 LINE을 보냈어. "임신중절수술하려면 30만 엔 든다고 하는데"라고 LINE 보냈더니 "사기 치지 마", "10만 엔 이상은 못 쥐", "이렇게 된 건 반은 네 책임이야"라고 LINE이 왔어.

지금 어디야?

가게.

우니?

눈물만 나와.

가게에서 울어도 괜찮아?

지금 손님 없어서 사장한테 얘기하고 울고 있어. … 류키, 여자 있는 것 같아.

어떻게 알아?

사장이. 그런데 페이스북에도 올렸나 봐. 임신이래. 이제 안 되겠지… 걔 술집에서 웨이터 하고 있었나 봐. 가게 돈이랑 곗돈 들고 튀었다는 소문이 돌고 있어.

[2013년 8월 28일]

아, 여기까지 와서도 류키는 도망치는구나 싶었다.

✦

출장에서 돌아오자마자 유카를 만나 생활보호자 신청을 하면
어떻겠냐고 제안했다. 처음에 유카는 절대 안 한다고 단호하게 거부했다.
"가게 나가는 게 기분전환도 되고 좋으니까 그냥 일할게. 괜찮아. 그리고
내 사정을 모르는 사람에게 구구절절 얘기하고 싶지 않아"라면서.

유카의 몸이 점점 힘들어질 즈음 유카를 설득해 딱 한 번 시청에 있는
생활보호 담당부서를 찾은 적이 있다. 유카의 현재 상황과 집에 폭력을
휘두르는 오빠가 있다는 사실을 들은 생활보호과 직원은 "세대 분리가
되어 있지 않아서 생활보호 대상이 되지 않습니다"라고 잘라 말하며
생활보호 신청서조차 내주려 하지 않았다. "임신 8개월의 몸으로 일을
하란 말인가요?" 하고 내가 목소리를 높이자 유카는 울음을 터트렸다.
그냥 상담 창구에서 나왔다. 그 뒤 사회복지협의회를 찾아가 대출을 받을
수 있는지, 가정폭력 피해자 보호시설에 들어갈 수 있는지 확인해보았다.
"대출은 어렵습니다", "아직 폭력 피해가 없으니 보호시설에 들어갈 수는
없습니다"라는 답이 돌아왔다.

집으로 돌아가려는데 아까 상담했던 생활보호과 담당자를
화장실에서 봤다. 그녀는 같이 근무하는 후배로 보이는 여성에게 공무원
시험 합격 비결을 자랑스럽게 떠벌렸다. "나는 있잖아, 공무원 시험 기출
문제집 하나 붙잡고 계속 보고 또 봤어." 희희낙락한 목소리가 화장실
안에 메아리쳤다.

도망치듯 그곳을 빠져나와 엘리베이터를 탔다. 엘리베이터 안에서
거울에 비친 유카의 얼굴을 보며 "유카, 정말 미안" 하고 사과했다.

집을 나와서 하는 집들이

"…일본어,• 어렵네. 반도 못 알아듣겠더라." 유카는 울며 말했다. '유카, 미안. 이런 잔인한 곳에 데리고 오지 말았어야 했는데.'

유카네 집으로 돌아가 유카 어머니에게 시청에서 들은 내용을 전했다. 우리 셋은 부엌 식탁에 둘러앉았다. "세대 분리가 안 되어 있어서 어렵다고 하더라고요. 하지만 뭔가 방법이 있을 테니까…" 유카 어머니가 말허리를 끊으며 "그러니까 엄마가 말했잖아!"라며 유카를 다그쳤다. 짜증스러운 얼굴로 의자 위에 한쪽 무릎을 세운 채 앉은 유카는 아무런 대꾸도 하지 않았다. 유카 어머니는 자신도 몸이 아파 치료를 받고 있는 힘든 상황이라고 하소연하면서 "애를 낳아도 어찌할 수가 없어요. 나도 계속 마음이 갈팡질팡합니다. …선생님, 유카 애기, 맡아주진 못하시죠?"라고 물었다.

불쑥 "유카 아이인데"라는 말이 튀어나왔다.

"오빠를 내쫓아!"

내 목소리를 가르며 유카가 소리쳤다.

"오빠네, 돈도 안 주잖아! 아무것도 안 하잖아!"

유카는 울었다.

"엄마도 참는 거야. 생활비도 안 주지, 애도 안 보지. 네 애가 태어나면 오빠네는 나갈 거야. …아기가 울어대면 참지 못할 테니까. …그러니 그때까지만 좀 참아."

유카 어머니도 말하면서 울었다.

나는 두 사람 사이에 아무 말 없이 앉아 있었다. 유카는 무릎을 감싼 채 한곳만 뚫어져라 쳐다보며 눈물을 훔치려고도 하지 않았다.

그날 밤 유카네 집에서 나와 류키가 일하던 가게를 찾아갔다. 가게는 내가 어릴 적 살던 거리에 있었다.

웨이터에게 류키를 찾는다고

• 오키나와에서는 이른바 '표준어'가 쓰이는 상황과 그 상황에서 다뤄지는 내용에 심리적 거리감이 느껴질 때 '일본어'라는 표현을 쓰곤 한다.

맨발로 도망치다

했더니 "아, 류키 오키나와 떠났다는 소문이 있던데"라고 했다. '찾아봐야 소용없다'는 뜻임을 금방 알 수 있었다. 그래도 "류키가 가게에 오면 연락 좀 주세요"라고 머리 숙여 인사하고 가게를 나왔다.

가게는 내가 어렸을 때에도 있었던 건물에 있었다. 옆에 있는 드라이브인 레스토랑도 그대로였다. 건물 뒤쪽으로는 습지대가 있는데, 어렸을 때 그곳에서 버려진 나무판자로 친구들과 비밀기지를 짓곤 했다. 건물 옥상에 올라가 습지대를 내려다봤다. 비밀기지를 짓던 자리가 훤하게 보였다.

초등학교 때 하굣길에 전봇대 앞에 쪼그리고 앉아 있던 여자를 본 적이 있다. 함께 있던 친구가 "저 여자, ○○네 엄마야. 아빠가 때렸대. 도망 다닌대"라며 속닥거렸다. 초등학생 무리가 와글와글 떠들며 지나갈 때까지 여자는 꼼짝하지 않았다.

이 부근에는 옛날부터 화려한 드레스를 입은 여자들이 오갔다. 아, 그렇다. 기시감이다. 이런 일은 이곳에서 계속 되풀이되어왔다.

✦

가냘픈 몸이라 배가 좀체 부풀지 않았던 유카는 막달 직전까지 캬바쿠라에서 쭉 일을 했다. 유카의 사정을 아는 사장은 유카를 캬바조 옆에서 술을 만드는 자리로 배치해주는 등 술은 마시지 않아도 되도록 배려해줬다. 유카는 얌전한 캐릭터라는 설정으로 손님에게 "술이 약해요"라고 말하며 부지런히 술만 만들었다. 입을 다물고 있으면 가련해 보여서인지 유카를 지명하는 손님도 제법 생겼다. "술 못 마시는 것도 좋네" 같은 농담을 하며 유카와 나는 웃었다.

내가 보는 앞에서 크게 싸운 얼마 뒤 유카는 어머니와 화해했다.

집을 나와서 하는 집들이

앞으로 더욱 의지하게 될 텐데 도와달라고 부탁하며 사과했다고 한다.
유카는 매주 일요일 아침에 아빠, 엄마, 조카와 함께 장 보러 가는 것을
특별한 일인 듯 이야기했다.

유카는 캬바쿠라 정보망을 통해 류키의 새 애인 연락처를 손에
넣었지만 연락은 하지 않았다. "그 여자애, 임신도 했다는데, 안됐잖아.
만약 류키의 여자라면서 누군가 연락해 오면 나도 괴로울 거야"라는 게
이유였다.

돈을 갖고 튀어버린 류키를 동네 선배가 반죽음을 시켜놨다는 소문이
들렸다. 나는 유카에게 들리게 "꼴좋다"라고 말했다.

그 뒤 류키는 유카의 오빠에게 "지금은 이것밖에 드릴 수
없습니다"라면서 5만 엔을 건네며 사죄했다고 한다. 유카의 오빠는
류키의 고등학교 선배였다. 류키는 임신시키고 내동댕이친 유카도, 앞으로
태어날 아이도 아닌 오직 유카의 오빠에게만 사과했다.

예정일을 조금 지난 어느 날 새벽, 유카는 어머니가 지켜보는 가운데
아들을 낳았다. 나는 오후가 돼서야 일을 잠시 미루고 병원을 찾았다.
텔레비전이 웅웅대는 개인실 한가운데에서 유카는 곤히 자고 있었다.
유카가 깨지 않게 옆에 놓인 의자에 조용히 앉아 유카 얼굴을 들여다보고
있는데 유카가 갑자기 눈을 떴다. "텔레비전 보다가 잠들었어?"라고 묻자
"늘 시끄러운 데 있어서 그런지 너무 조용하니까 잠이 안 와서"라는 답이
돌아왔다.

병원에 오는 길에 편의점에 들러 함께 먹을 간식거리와 유카가
볼 만한 잡지를 골라봤다. 육아 잡지는 결혼한 부부가 아이를 키우는
내용으로 가득했다. 유카가 마음 편히 볼 내용은 아니었다. 뭘 사야 될지
몰라 네일아트가 부록으로 붙은 패션 잡지를 골랐다. "이런 거 언제면 할
수 있을까"라며 유카가 빙긋 웃었다.

맨발로 도망치다

유카는 주위 사람들에게 아이 이름을 뭐로 하면 좋을지 묻고 다녔다. 그러다 결국은 자신이 직접 '하루'라고 이름 지었다. 나는 매주 유카네 집에 찾아가 하루를 안아주고 유카의 어깨를 안마해줬다. 유카는 하루의 백일 기념사진을 찍기 위해 매일 100엔씩 저금했다. 나도 가끔 돈을 보탰다. 유카는 "하루는 아빠가 없는데 초등학교 가면 운동회 때 어떻게 하지"라며 걱정했다. 그때 온몸에 문신이 가득한 유카의 사촌이 "내가 엄마 아빠랑 달리기할 때 같이 달려줄게"라며 자원했다. "문신투성이 아저씨랑 달리는 게 오히려 더 안 좋을 것 같은데"라고 대꾸하며 우리는 크게 웃었다.

언젠가 유카 어머니가 밥이나 한 끼 하자고 해서 유카네 집 부엌에 들어가본 적이 있다. 바닥에 궁둥이를 깔고 앉아 웃는 얼굴로 하늘을 향해 손을 뻗고 있는 아기 사진이 냉장고에 붙어 있었다. 나지막이 "미즈키?"라고 묻자 유카 어머니는 귀여워서 사진을 뗄 수 없다면서, "막 기기 시작할 무렵이었는데" 하고 중얼거렸다.

3년 전 유카는 미즈키가 없는 집, 미즈키의 사진만 덩그러니 냉장고 문에 붙어 있는 집으로 혼자 돌아왔다. 그날 이후로 줄곧 유카가 만나는 남자네 집을 떠돌며 지내온 이유를 나는 그때야 겨우 이해할 수 있었다. 하루가 태어나고 유카를 밖으로 내몰던 바람이 잦아든 이 시간이 조금이라도 오래 지속되기를 기도하며 밥을 삼켰다.

하루가 6개월이 됐을 무렵 유카는 임신했을 때 일했던 캬바쿠라로 다시 일을 나갔다. 밤에 일하는 것을 싫어하는 어머니는 화를 냈지만, 하루가 울면 이불로 가려놓은 방 건너편에 있던 오빠가 소리를 질렀고 최근 조카가 오빠를 닮았는지 점점 난폭해져서 단칸방이든 뭐든 좋으니 얼른 집 나갈 돈을 모아야겠다고 유카는 말했다.

반년쯤 지났을까. 유카는 부모님 집에서 차로 5분 거리에 있는 곳에 집을 얻었다. 유카의 새집은 방 두 칸에 넓은 거실이 있는 신축 빌라였다.

　　　　　　　　　　　　　　집을 나와서 하는 집들이

이사가 정해진 날 유카가 연구실로 놀러 왔다. "친구들 초대해서 나베 파티 같은 거 한번 해보고 싶어"라고 소소한 희망사항을 들려주었다. "새로 일할 가게도 정했어. 일하러 가는 날에는 엄마 아빠한테 하루를 맡기려고"라고 말을 잇는 유카의 품에 안긴 하루는 '할아버지 아이 러브 유' 글자가 박힌 옷을 입고 있었다. "할아버지를 노렸구나"라고 웃으며 말하자 "돈키호테(종합 할인 매장—옮긴이)에서 발견했어"라며 유카도 웃었다.

✦

유카의 지난 4년은 내가 쉽게 상상할 수 있는 삶이 아니었다. 어려서부터 가정폭력에 시달리며 자랐지만 유카는 성인이 되어서도 집과 그 주변을 떠나지 못했다. 유카는 임신한 뒤 결혼을 했고 아기가 태어나 8개월이 됐을 때 이혼을 했다. 이혼을 하면서 아기는 빼앗겼다. 그 뒤에도 오빠나 남자친구가 휘두르는 폭력 속에서 지내야 했고 다시 또 혼자서 아이를 낳았다.

처음 만났을 때 유카는 캬바쿠라 이곳저곳을 떠돌며 아르바이트를 하는 탓에 동료 여성들과 친해지지 못했다. 지금은 한 가게에서 일주일에 4, 5일씩 일하면서 동료들과도 그나마 가깝게 지낸다. 유카는 요즘 내 바쁜 생활까지 걱정해주고 문자를 보낼 때 존댓말을 쓴다.

"음, 유카 씨, 무슨 일을 하십니까?"라고 농담 삼아 처음 인터뷰할 때처럼 정중하게 물으면 "술집. 캬바쿠라에서 일하고 있습니다"라고 대답한다. "슈퍼 니트 아니셨습니까?"라고 놀리면 푸시시 웃는다.

유카는 이제 곧 스물네 살이 된다. 유카는 널찍한 베란다가 있는 방 두 칸짜리 빌라에 산다. 남자친구는 있을 때도 있고 없을 때도 있다. 유카는 하루라는 아이를 혼자서 기르고 있다. 아마 유카 부모님 집 냉장고에는 아직도 미즈키의 사진이 붙어 있을 것이다. 유카는 지금 캬바조이다.

집을 나와서 하는 집들이

기념사진

캬바조는 오래전부터 일본 10대 여성이 꼽은 장래 직업 가운데 순위권에 들어 있었다. 불황은 끝날 줄 모르고, 열악해지기만 하는 노동환경은 젊은 여성에게 특히 더 가혹하게 다가온다. 화려한 드레스로 몸을 치장하고 남성 고객의 말 상대를 해주며 돈을 벌 수 있는 캬바조가 젊은 여성이 동경하는 직업이 된 것도 한편으로는 이해가 간다. 그런데 오키나와의 캬바쿠라에는 아이를 키우기 위해 이 일을 선택한 어린 싱글맘이 유독 많다.

조사차 만난 싱글맘은 모두, 한때 연인이었으며 아이의 아버지이기도 한 남성과의 관계를 끝내고 난 뒤 양육비는커녕 위자료 한 푼 받지 못한 채 홀몸으로 아이를 키워야 하는 상황에 내몰렸다. 아이를 맡은 싱글맘은 슈퍼마켓이나 편의점에서 받는 시급 800엔보다 훨씬 많은 시급 2000엔 정도를 받는 캬바쿠라에서 일하며 육아와 경제 활동을 병행하려 한다. 오키나와의 캬바조는 혼자 아이를 키우며 생활비를 벌기 위해 밤늦게 일하는 젊은 '엄마'이기도 하다.

그런 캬바조들 사이에서 미우는 조금 독특한 존재였다. 큰 키에 아무리 노출이 심한 드레스를 입어도 우아하고 고상해 보이는 미우는 여기저기서 스카우트하려고 안달하는, 이른바 잘나가는 아이였다. 인터뷰를 하려고 만났을 당시 막 스물한 살이 됐다고 했다.

미우는 결혼한 적도 아이를 가진 적도 없었다. 오사카에 있는 전문대학에 진학했다가 학교생활에 잘 적응하지 못해 오키나와로 돌아왔고, 경제적 여유가 있는 부모와 함께 지냈다. 미우가 캬바쿠라에서 일하는 것은 생활비 때문이 아니었다.

미우는 중학교 때 친했던 친구와 같이 일해서 일이 즐겁다고 했다. 지금은 목표한 바가 있어서 돈을 모으기 위해 캬바조 일을 하지만 돈을 다 모으면 친구와 함께 일을 관둘 예정이라고 했다.

미우가 말한 친한 친구는 미우와 동갑이었고 다섯 살 난 아들 유와 단둘이 사는 싱글맘, 쓰바사였다.

가정환경도 학교생활도 많이 달랐지만 둘은 가장 친한 친구였다. 미우는 "나는 아직 아이가 없지만 쓰바사 아이가 내 아이 같다"며 유를 데리러 어린이집에 가면 다른 아이들이 "유네 아줌마, 유네 아줌마"라고 부른다면서 피식 웃었다. 쓰바사는 "정말 좋은 친구"이고, "가게 일도, 엄마 일도 무척 열심히 한다"고, "오사카에서 돌아와서 친구들과 멀어진 느낌이 들었을 때 쓰바사가 항상 옆에 있어줘서 정말 큰 힘이 됐다"고 했다.

미우와 이야기를 하다 보니 쓰바사를 만나보고 싶어졌다. 미우에게 부탁해 쓰바사를 소개받았다.

몇 주 후, 우치코시 씨와 아직 영업 전인 캬바쿠라에서 쓰바사를 기다리고 있었다. 하얀 드레스를 입은 가냘프고 작은 몸집의 쓰바사가 나타났다. 쓰바사는 주위가 온통 환하게 밝아지는 느낌을 줄 정도로 눈부시게 아름다웠다. 옆에 있던 우치코시 씨는 입을 다물지 못했다.

맨발로 도망치다

어쩔 수 없이 내가 먼저 입을 열었다. "시간 내줘서 고마워요. 미우가
그러더라고요. 쓰바사가 자기를 많이 도와줬다고." 이 말에 쓰바사는
갑자기 울먹울먹하더니 "쓰바사가 오히려 받기만 했는데요"라며 결국
울음을 터트렸다.

　　나는 누군가 울고 있으면 그저 조용히 울음이 그치기를 잠자코
기다린다. 하지만 우치코시 씨는 당황해 허둥지둥하며 목에 두르고
있던 수건을 쓰바사에게 건네려 했다. 그 수건은 쓰지 않을 성싶어 내가
손수건을 건네자 쓰바사는 수건과 손수건 사이에서 갈팡질팡하다 키드득
웃었다.

　　쓰바사는 역시 손수건을 집어 들고 눈가만 살짝 훔치더니 울음을
뚝 그쳤다. 눈물을 훔치는 모습도, 울음을 그치는 모습도 우아하고
나긋나긋했다. '아, 이 아이는 꽤 오랫동안 이 일을 해왔구나' 하고
직감했다.

　　"엄마라면서? 가게에서 이런 이야기하는 거 괜찮니?"라고 묻자
"솔직한 성격이라서 아이 있는 거 숨기지 않아요. 아이와 나는 한 세트고,
그게 곧 나라고 생각하니까. 가게에서도 다 알아요, 애 있는 거"라면서
어린 시절 가정환경, 지금 아이와의 생활을 서슴없이 말하기 시작했다.

쓰바사는 어른이 없는 가정에서 자랐다. 부모님은 쓰바사가 다섯 살 때
이혼했다. 아이 셋을 도맡게 된 쓰바사의 어머니는 스나크(スナック,
노래방 기기가 있는 바 형태의 규모가 작은 동네 술집—옮긴이)를
운영했는데 가게의 마담 역할도 했다. 가게 문을 닫고 나서도 술이 동날
때까지 마시다 가게에서 자곤 했다. 집에 들어오는 날이 거의 없었다.

그래서 쓰바사는 어린 시절 하면 늘 아이들만 있는 집, 밥이 없는 집이
떠오른다고 했다.

어머니는 어떠셨어?

> 그 당시 '밤일' 하셨어요. 집에 안
> 들어오는 게 당연했죠.

그렇구나. … 일 마치고 돌아오지
않으시고?

> 엄마 가게였으니까, 가게에서 잤어요.

술도 마시고?

> 응. 사장. 엄마는, 자고 집에 와요.
> 낮에 들어오기도 하고. 엄마 얼굴
> 못 본 지 일주일, 이주일 된 적도
> 있었어요.

밥은? 돈 받아서 알아서 챙겨
먹었어?

> 아니, 돈 안 주셨어요. 그때 친한
> 친구들이 있어서, 그 친구들
> 집에서 같이 밥 먹었어요. 저녁밥
> 같이 지어서. 가장 친했던 친구가
> 미노리라는 애인데, 지금은 결혼해서
> 아이가 있어요, 그 애 집에서 매일 밥
> 해서 먹고 설거지하고 집에 왔어요.

언니랑 오빠는 어떻게 했어?

> [그때는] 언니는 결혼해서, [집안일은]

할 수 없고. 오빠는 오빠대로, 지금이랑 똑같이 아빠한테 [가 있었어요].

초등학교 때는 어떻게 지냈어?

초등학교 때도 오빠랑 언니랑 같이 간단하게 밥하기도 하고. …[이혼한] 아빠가 "밥 먹으러 가자"고. … 별 기억이 없어요. 그래서 사람들이 "엄마가 해주는 음식 중에 뭐가 제일 좋아?"라고 물으면 "미안, 모르겠어"라고 해요. 생각이 안 나요. 엄마의 손맛? 그게 뭔지 모르겠어요. 그런 이야기가 나오면, "몰라, 우리 집엔 밥이 없었어"라고. "너희가 알아서 뭐든 만들어 먹어"였으니까, 엄마는.

언니는 친구네 집에서 밥을 먹게 되면 꼭 설거지를 하고 오라고 쓰바사에게 당부했다. 쓰바사보다 세 살 위인 언니도 방치되어 있긴 마찬가지였는데 언니는 엄마의 돌봄을 못 받는 다른 형제를 돌봤다. 그래서 쓰바사에게는 "언니가 엄마 같은 존재"였다.

    어렸을 때 쓰바사의 꿈은 아빠와 엄마가 함께 아이를 키우는 가정을 꾸리는 것이었다. 빨리 결혼해 아이를 낳고 아이가 슬픈 기억을 지니지 않고 자랄 수 있게 하고 싶었다. 자신도 아직 아이이면서 자기 아이한테만은 쓸쓸한 기억을 남기지 않겠다고 쓰바사는 결심했다.

기념사진

◆

쓰바사의 언니와 오빠 모두 중학생이 되자 불량서클에 들어갔다. 쓰바사도 중학생이 되자 자연스레 불량서클로 흘러들었다.

중학교에는 다른 학군에서 쓰바사와 비슷한 생활을 하는 아이들이 몇 들어왔다. 쓰바사는 친구들과 금세 친해졌고, 언제나 우르르 몰려다녔다. 2학년이 될 무렵에는 남녀 합쳐서 스물한 명이나 되는 큰 조직이 되었다.

불량서클에 가담한 아이들은 수업을 자주 빠졌고, 담배를 피웠으며, 술에 취해 등교하기도 했다. 그때는 작정하고 나쁜 짓만 골라 했다고 한다.

> 운동장에 있는 동아리방 뒤편에서 [담배를] 피우고 있을 때 생활지도 담당 선생님이 오면 옆집으로 뛰어넘어서 도망가곤 했어요. 신고! "담배 피우고 있어요"라고 신고! 쭉 집들만 있어서, 다 일반 가정집이라. 그런 집에서 신고를 했어요, 경찰에, 학교에.

하지만 중학교 때 선생님은 쓰바사와 친구들이 학교를 빠지고 도망갈 때마다 찾으러 왔고 야단을 쳤으며 이야기를 들어주었다.

> 선생님은 절대, 무슨 일이 있어도 포기하지 않았어요.

아, 예를 들면?

의무[교육]잖아요. [우리는]
반항기니까, "당신들이 지켜주지
않아도 법으로 보호받으니까
관심 꺼." 이런 식으로 말했어요.
"잔소리 들을 때가 행복한 때라는 걸
알아야지"라든가, "뭐가 사랑인지
알아야지"[라고 선생님이]. "너희가
무슨 말을 하든 어떤 행동을
하든, 학교에서 문제를 일으키면
절대 그냥 내버려두지 않을 거야.
모두 같으니까. 아이들은 모두
같아. 부모님이 우리에게 맡긴
이상 책임이 있다"[고 선생님은
말했어요]. "그러니까 그 책임감이
싫다니까!"라고. 책임진다는 게
성가시다고, "법으로 보호받으니까
신경 끄라고, 뭐가 사랑이야!"라면서,
남의 아이를 사랑한다는 게 말이
되냐고 [선생님한테 따지고]. 그때
[선생님한테] 맞기도 했고, [그래도
쓰바사네] 가정환경을 알고 있어서,
"너 바보냐" 하고 혼내면서도 끝까지
지켜주려 했어요. 무슨 일 생기면
가장 먼저 달려와 줬고.

쓰바사는 중학교 2학년 때 한 학년 위 선배와 사귀기 시작했다. 쓰바사는 남자친구와 학교에서 붙어 다닌 것은 물론이고 집에서도 함께 지냈다. 중학교를 졸업하면 결혼하자고 약속했다. 하지만 사귄 지 1년 가까이 됐을 무렵 남자친구에게 새 여자친구가 생겼다. 남자친구는 "더 즐기고 싶어"라는 일방적 통보만 하고 쓰바사를 떠났다.

쓰바사는 친한 친구에게도 남자친구와 헤어졌다는 말을 하지 못했다. 그때 담임교사가 요즘 좀 이상하다며 쓰바사를 불렀다.

헤어졌을 때는 어땠어?

> 엄청 괴로웠어요. 유일하게 눈치 챈 사람이 친구가 아니라 선생님이었어요.

정말?

> 쓰바사는 늘 하던 대로 지냈어요. 그런데 자습시간이었나, 선생님이 와 보라고 해서. 그래서 갔더니 "너, 무슨 일 있지?" 하고 묻더라고요. "뭐요! 뭐가요! 아무 일도 없어요!" 그랬죠.

일단 잡아떼고. (웃음)

> 맞아요! 그러고 나서 또 덤볐죠. "도대체 뭐가요!", "아무 일도 없었어요!"라고. "왜 거짓말해? 얼굴에 다 쓰여 있어, 너는. 왜 혼자서만 끙끙 앓고 그래!" 선생님이

맨발로 도망치다

> 그러더라고요. 그 순간 앙 하고
> 울음이 터져서, 뭐랄까, "다 들통
> 났다"는 느낌. (웃음) 흑흑거리면서
> 헤어졌다고 했더니 "그런 일로 울면
> 안 되지!"라고.

담임은 항상 쓰바사에게 관심을 기울였고 이야기를 들어주었다. 다른
교사들도 쓰바사네 집에 어른이 없다는 사실을 알고 있었다. 보건 교사는
쓰바사가 등교하면 우선 보건실로 불러 아침을 먹이고 교실로 보냈다.

> 1, 2교시 지나서야 학교에 갔어요.
> 그랬더니 교실에 가기 전에 먼저
> 보건실에 들르라고. 보건 선생님이
> 언니도 알고 있어서, 언니랑 오빠가
> 나쁜 길로 빠진 거 알고 있었으니까.
> 보건실 지나가면 "들어와"라고.
> 선생님 먹으려고 싸 온 아침일 텐데
> 쓰바사에게 주는 거예요. "아침 먹고
> 가"라면서.

보건 교사는 아마도 쓰바사가 부담을 느끼지 않게 하려고 "내가 먹으려고
싸 온 아침밥인데 나눠 먹자"라면서 매일 쓰바사를 위해 아침을 준비했을
것이다.
　　쓰바사가 다니던 중학교는 일반 공립이었는데 쓰바사뿐 아니라
쓰바사가 속한 그룹의 학생들 모두가 교사와 깊은 연대가 형성되어

있었다. 붙여놓으면 무슨 일을 저지를지 모른다면서 각기 다른 반에 배정된 불량서클 아이들의 담임 교사들은 "부모 역할"까지 했다. 아이들의 이야기에 귀 기울여주었고 무슨 일이 생기면 바로 달려갔다. 쓰바사는 이야기를 들어주는 선생님과 아침을 챙겨주는 선생님 덕분에 매일 반항하고 밥 먹듯이 지각을 하면서도 중학교를 졸업할 수 있었다.

하지만 이런 보살핌이 오키나와 소재 모든 중학교에서 지금도 이루어지고 있다고 보기는 어렵다.

쓰바사가 중학생이었던 2000년대 중반은 전국학력·학습상황 조사(이하 가쿠테)가 실시되기 전이다. 2007년 전국 초등학교와 중학교에서 실시한 가쿠테에서 오키나와현은 최하위였다. 그 대책으로 각 가정에서 "일찍 자고 일찍 일어나 아침 먹기"를 실천하자는 운동이 일어났다.

학생들의 학력이 일찍 자고 일찍 일어나는 습관, 아침을 먹는 습관과 관련이 있다는 분석이 나왔고 점수를 올리려면 각 가정에서 부모가 이 모든 것을 챙겨야 한다고 강조했다. 시험 점수와 생활습관이 관련 있다는 단편적인 상관관계를 보여주는 데이터가, 일찍 자고 일찍 일어나 아침을 먹으면 성적이 올라간다는 식의 인과 관계로 잘못 해석되고 홍보되었다. 흔히 지적되듯 "일찍 자고 일찍 일어나 아침 먹기"는 경제 격차와 빈곤 문제를 드러내 보여주는데, 이런 관련성에 관한 검증과 고찰은 오키나와에서 충분히 이뤄지지 않았다.

아마도 요즘 중학교에서 아침을 먹지 않고 등교하는 학생을 교사가 보살피거나 학교 차원에서 돌보는 경우는 없을 듯하다. 그나마 쓰바사의 중학교 시절이 교사들이 아이들의 생활을 들여다보고 상처를 찾아낼 여력이 남아 있던 시절이었을 것이다.

하지만 쓰바사의 중학교 교사들은 "절대 포기하지 않는다"고

말하면서 학생들을 때리곤 했다. 나를 소중하게 대해주는 사람이
한편으로는 폭력을 휘두르는 사람이기도 했다. 이 경험은 이후 쓰바사가
남자친구와 관계를 형성하는 데 큰 영향을 미친다.

◆

중학교를 졸업하면 곧바로 남자친구와 결혼하려 했던 쓰바사는
남자친구와 헤어지자 하고 싶은 일이 아무것도 없었다. 고등학교에
진학할 마음도 미래를 위한 꿈도 없었다. 그런 쓰바사에게 중학교 때
친구가 캬바쿠라를 소개했다.

졸업하고 한 달 후쯤, 밤 업계,
A 거리로.

계기가 있었어?

친구가 중학교 때부터 다니고
있었어요.

K 중학교 친구?

네. '한번 경험 삼아'라는 식으로,
"해보면 어때"라고 해서, "그렇네,
경험이니까"라고 생각했어요.
고등학교에 갈 생각도 없었고 딱히
할 일도 없었으니까. 꿈도 없고.
하고 싶은 것도 없고. "세상 구경 좀
해볼까!"라는 마음으로.

기념사진

열다섯 살 쓰바사에게 번화가인 A 거리에서 캬바조로 일하는 것은 넓은 어른의 세계로 나가는 것을 의미했다. 쓰바사는 친구와 함께 캬바쿠라에서 아르바이트를 시작했고, 그 뒤로 조건이 좋다고 소문난 가게 정보가 들어오면 옮겨 다니며 일을 익혔다.

열여섯 살이 되고, 쓰바사는 웨이터 일을 하는 일곱 살 연상의 남성과 사귀었다. 대개 캬바쿠라에서는 웨이터와 캬바조의 연애를 금지했다. 그 가게에서도 '교제 시 벌금 100만 엔'이라는 규정이 있었지만 둘은 몰래 연애를 시작했다.

사귄 지 두 달이 됐을 무렵 쓰바사는 임신 사실을 알았다.

임신했다고 했을 때 남자친구는 어땠어? "낳자!" 그랬어?

낳자는 쪽.

기뻤어?

응. 그렇지만 너무 불안했어요. 제가 부모 사랑을 모르니까, 내가 부모가 됐을 때 어떻게 아이를 사랑해줘야 하는 건지 엄청 불안했어요. 매일 "아이는 어떻게 키워야 하지", "어떻게 돌봐야 하는 거지", "어떻게 해주면 좋아할까", "부모가 되려면 필요한 게 뭘까" 등등, 아무것도 모르니까 엄청 두려웠어요.

임신 사실을 알았을 때 쓰바사가 맨 처음 찾아간 사람은 엄마가 아니라

맨발로 도망치다

언니였다. 언니는 "힘들다는 건 알아야 돼. 알면서도 낳을 마음이 있다면 낳아. 아직 시간 있으니까 생각해봐"라며 쓰바사의 마음을 존중해주었다.

결혼과 출산을 하기로 마음을 정한 뒤 쓰바사와 남자친구는 양가 부모님께 알렸다. 양쪽 모두 반대는 하지 않았다. 쓰바사의 어머니는 "결혼하고 시댁에 들어간다는 것은 이제 돌아올 곳이 없다는 거야. 잘 기억해둬"라고 말했다고 한다.

두 사람이 일하던 가게에 임신과 결혼 사실을 알리자 사장은 길길이 날뛰었지만 벌금을 내라고 하지는 않았다. 쓰바사의 남편은 이웃 동네에 있는 규모가 제법 큰 호텔의 요리사 일을 소개받아 낮에 근무하게 되었다.

두 사람의 생활은 안정적인 것처럼 보였다. 하지만 남편은 자신이 번 돈을 모두 카드 값을 갚는 데 썼고 생활비 한 푼 주지 않았다.

쓰바사는 아이를 낳자마자 다시 캬바쿠라로 돌아가야 했다.

밖에서는 그렇게 사람이 좋을 수가 없어요. 깜짝 놀랄 정도로.

그럼, 일은 안정적이었겠네?

안정적이었지만, 저, 그때 계속 '밤'에 일하고 있어서. 사실은 집안일도 제대로 못 했어요. 카드빚이 있어서, 월급 받으면 전부 카드빚 갚는 데 쓰는 것 같아서.

남편이 다 쓰는구나? 술집에서?

네네. 어디다 쓰는지는 모르겠어요. 카드 명세서를 봐도 저는 카드 써본 적이 없어서 모르겠더라고요.

기념사진

도대체 뭐가 어떻게 되는 건지
몰라서 물어보면 "필요한 데에 쓰는
거야"라는 식이고. 아무 말도 안
해줬어요. 그래서 밤에 일해서 생활비
벌었죠.

쓰바사는 생활비를 일절 주지 않는 남편을 몰아붙이지 못했다. 남편이
술을 마시면 폭력을 휘둘렀기 때문이다. 결혼한 뒤 남편의 성격은
180도 바뀌었다. "정반대로 돌변했어요. 갑자기. 내 거, 내 게 되었다는
마음에서인지, 갑자기" 바뀌어, 술을 마시면 쓰바사에게 손찌검을 했다.

때리기 시작한 계기가 있었어?

술버릇이에요. 집에 있잖아요, 집에
있다가 [남편이] 밖에 나가려고
하길래 "언제 들어와" 하고.

응, 묻게 되지.

네네. 그럴 때라든지. 그냥 연락을
했을 때라든지. 그 사람은 "쓰바사
말투!"… 쓰바사는 초조하잖아요,
임신 중인데. 그래서 예민해 있는데.
"왜 일찍 안 와?"라고 묻거나 하면.
술 마셔서, 뚝 끊고.

들어와서는 때려?

네네. 억지로 눕혀서 올라타 때리기도
하고, 발로 차기도 하고.

그럼, 경찰서에 전화라도 했어?

아니요. 혼자 그냥 울었어요. "미안해,
미안해" 하면서.

흠. 언니한테는 얘기하고?

언니는 봤어요. 얼굴이랑.

아, 그랬구나.

힘으로, 그러니까 그게, 팔을 비틀어
넘어뜨려서 누르려 하니까, 그 사람은.
더 이상 사랑 따윈 없다고 해야겠죠.

제어하려고.

힘으로, 자기가 말하는 대로 하고 싶어
하는.

쓰바사가 임신했을 때부터 시작된 남편의 폭력은 쓰바사가 아이를 낳고
나서도 그치지 않았다. 쓰바사가 뭔가를 물어보거나 요구하면 자기보다
일곱 살이나 어린 주제에 까분다면서 쓰바사에게 주먹질을 했다.

그쪽은 "도대체 누가 선배야?"라고.
선배가 무슨 상관인데. (웃음)

부부가 아니라, 선후배구나!

네. "도대체 누가 선배야?"로
시작해서.

오키나와의 비행청소년 사이에는 선배를 절대적으로 따르는 선후배 문화가
존재한다. 그 때문에 선배가 돈을 갈취하고 폭력을 휘둘러도 후배는 이를

어른에게 말하지 않는다. 그리고 학년이 바뀌어 선배가 된 아이들은 자신보다 어린 후배에게 똑같이 폭력을 행사한다.

쓰바사의 중학교 교사들도 학생들을 관심 있게 살피고 존중해주는 한편으로 체벌을 가하기도 했다. 폭력이 일상화된 삶 속에서 자란 아이들은 연인이나 가족에게 폭력을 써도 괜찮다고 여긴다. 맞는 쪽 또한 나를 소중하게 여기니까 폭력을 휘두르는 것이라 생각한다. 그러다 보면 도망치는 일이 늦어진다.

조사를 하며 만난 여성의 절반 이상이 연인과 가족의 폭력에 흔하게 노출됐던 과거가 있었다. 심할 때에는 얼굴 형태조차 알아볼 수 없을 정도로 맞았고, 배를 발로 차여 구토를 하다가 의식을 잃고 구급차에 실려 간 경우도 있었다.

쓰바사 또한 선후배 관계를 집에까지 끌고 들어오는 남편에게 극심한 폭행을 당했고 "이제 더 이상 이 사람과 함께 살 수 없다"는 생각에 이르게 됐다. 하지만 부모의 이혼으로 아무도 자신을 돌봐주지 않고 방치된 채 어린 시절을 보낸 쓰바사는 아이에게는 아빠와 엄마가 둘 다 있는 것이 무엇보다 중요하다고 여기며 커왔다. 그래서 자신의 아이에게만은 무슨 일이 있더라도 "아빠와 엄마가 있는 가정"을 만들어주고 싶었다.

쓰바사는 언니에게 남편의 폭력 때문에 매일매일 조마조마한 하루를 보낸다는 이야기를 털어놓았다. 하지만 엄마에게는 끝내 말하지 못했다. 엄마는 늘 "이혼 쉽게 생각하지 마라. 그런 식으로 돌아올 생각은 하지 마"라는 말을 입버릇처럼 했다.

> 엄마가 너무 엄하니까, 엄마한텐 말
> 못 하고. 아무리 힘든 일이 있어도 잘

맨발로 도망치다

지냈다고, 행복하다고 말할 수밖에
없었어요. 사실은 행복하지 않지만
"행복해"라고. 부모님한테는 걱정
끼치고 싶지 않아서 도저히 말할 수
없었어요. 언니한테는 말해도.

언니는 뭐라고 했어?

언니는 이혼하라고 계속 얘기했어요.
"어떻게 사람을 이 지경까지!",
"남자가 이렇게까지 하다니,
여자한테"라면서.

얼굴을 때리면 술집에서 일을 못 하지
않아?

네. 하지만 일을 하지 않으면…
[얻어맞은 다음 날은] 일을 못
하잖아요. [그러면] 일주일이나 한
달 쉬어요. 일을 못 나가면 [남편은]
"돈 없어", "뭐 어쩌라고?"라는 식.
"네가 때려서 이렇게 됐잖아"라고.

맞는 말이네.

이젠 하는 말이랑 행동이 다르니까.
말하는 거랑 전혀 다르니까. [중략]
어찌됐든 아이에게, 지금, 마음 아픈
상처를 남기고 있다는 죄책감이
들지만, 어떻게 해볼 수가 없었어요.
상대가 변하지 않을 테니까,

기념사진

평생 변하지 않을 테니깐. 평생.
이혼하더라도. …자기가 하는 말을
정당화하는, 자기가 하는 말이 모두
옳다고, 자기를 중심으로 세상이
돌아간다는 식의 말밖에 안 하니까.

때린 일도?

때린 것도. "전부 네가 잘못했어,
네가 나빠"라고.

쓰바사가 폭행당할 때, 어린 유도 공포에 떨었다. 쓰바사가 맞고
있으면 유는 쓰바사에게 딱 달라붙어 큰 소리로 울어 젖혔다. 쓰바사를
보호하려는 제 나름의 노력이었다.

내가 맞고 있다는 걸 아이도 아니까,
엄마를, 나를 지켜주려는 듯이,
먼저 아이가, 나를 지켜주기라도
하려는 듯이 울면서 와요. 꼭 "엄마,
가지마", "엄마, 가지마"라고 외치는
것처럼. 이 애를 위해서, '지금 아픈
건 참아야지'라는 생각이 컸어요.
'이 애를 위해, 나한테는 이 애가
있으니까, 지금, 난 열심히 살고
있다'라는 마음이 컸으니까. '반드시
꼭, 이 애를 위해서라면'이라는
마음이. 유 얼굴을 보고 있으면,

아무리 나쁜 일이 있어도 웃으면서
참을 수 있지 않을까.

쓰바사를 때릴 때 남편은 자신의 폭력이 정당하다고 주장했다. 그리고
이혼을 하게 되면 아이는 자기가 데려간다고, 아이의 친권은 자기에게
있다고 말했다. 쓰바사는 이 말에 겁을 먹고 아무리 심하게 얻어맞아도
이혼은 생각조차 하지 못했다.

　쓰바사는 남편과 "함께 있어도 웃을 수가 없고 남편을 화나게
하지 않으려고 온 신경을 쓰며 늘 긴장한" 상태로 지냈다. 언니 말고는
누구에게도 가정폭력에 시달린다는 사실을 말할 수 없었다. 낮에는
혼자서 아이를 돌보고 밤에는 캬바쿠라에서 계속 일을 했다. 도움의
손길은 어디에서도 나타나지 않았다.

✦

결혼한 지 3년이 지났을 무렵 중학교 때 친구인 미우와 같은 건물에
위치한 캬바쿠라에서 일하게 되었다. 쓰바사가 일하는 캬바쿠라의 사장이
운영하는 체인점이었다. 쓰바사와 미우는 같은 동네에 살아서 일하러 갈
때나 일을 마치고 돌아올 때 웨이터가 차로 같이 데려다주었다.

　둘이서 함께 출퇴근을 하는 시간이 정말 즐거웠다고 한다. 사장에게
부탁해 같은 가게에서 일하게 된 쓰바사와 미우는 퇴근해 집에 가서는
전화로 수다를 떨었고 일이 일찍 끝난 날에는 술을 마시러 가기도 했다.

　여느 때처럼 함께 술을 한잔하던 날이었다. 갑자기 미우가 진지한
얼굴로 "남편과 있을 때의 쓰바사랑 지금 쓰바사는 전혀 다른 얼굴이야.
무슨 일 있는 거 아냐?"라고 물었다고 한다. 쓰바사는 남편에게 맞고

산다는 말을 언니 말고 그 누구에게도 하지 않았다. 미우가 물었을 때도
쓰바사는 어물쩍거리며 넘어갔다.

그런 나날을 보내던 어느 날, 왜 자꾸 밖으로 싸돌아다니느냐며
남편이 또 폭력을 휘둘렀다. 쓰바사는 울면서 잘못했다고 빌었고, 몸을
둥글게 말며 피했지만 얼굴을 심하게 얻어맞았다.

폭행이 겨우 잦아들고 남편이 집을 나가고 나서야 쓰바사는 얼굴의
상처를 확인했다.

코뼈가 부러지고 눈을 뜰 수가 없었다. 입안도 찢어져 있었다. 입도
뻥긋할 수 없는 심각한 부상이었다. 쓰바사는 미우에게 전화를 걸었다.

> 미우에게 "미안한데, 유 어린이집에
> 좀 데려다줄래"하고 [전화했더니],
> "무슨 일이야"라고. … 미우는 눈치
> 채고 있었으니까. "맞았니?", "널
> 때린 거야?"라고 물어서 일단
> 와달라고. … 미우가 와서 보자마자
> "세상에, 어떻게 이럴 수가", "너무
> 하잖아. 너무 심한 거 아냐?"
> 그랬어요.

상처가 심해 집 밖으로 나갈 수조차 없던 쓰바사는 미우를 불렀고,
폭행당한 얼굴을 보여주었다. 미우는 상처를 확인한 뒤 아침이 되자 유를
어린이집에 데려다주고 쓰바사를 병원에 데리고 갔다.

전치 4주의 중상이었다. 마스크를 해도 얼굴의 상처를 다 감출
수 없었다. 미우는 밖에 나갈 수 없는 쓰바사를 대신해 아침마다 유를

맨발로 도망치다

등원시키고 저녁이 되면 식사거리를 사 들고 어린이집에서 유를 찾아 쓰바사와 함께 저녁을 먹었다. 이런 생활이 한 달 정도 이어졌다.

매일 미우와 함께 지내면서 쓰바사는 이혼을 생각했다. 이렇게 살다가는 언젠가 유도 아빠의 손아귀에 상처를 입고 말 테니까. 쓰바사는 그동안 남편에게 맞을 때마다 차라리 죽이라고 악을 썼지만 유를 상처 입히는 것만은 절대로 용서할 수 없었다. 이혼을 하고 유와 둘이서 살아야 한다, 이것만은 꼭 실현시켜야 한다는 생각이 더욱 절실해졌다.

쓰바사와 미우는 이혼 얘기를 본격적으로 나누기 시작했다. 이혼 얘기를 꺼내면 곧 친권을 두고 다투게 될 것이다. 만약 재판까지 가게 되면 큰 호텔에서 요리사로 일하는 남편과 캬바쿠라에서 일하는 쓰바사, 사회적 지위와 경제력 면에서 보더라도 남편 쪽이 훨씬 유리했다. 쓰바사와 미우는 폭행당한 쓰바사의 모습을 찍었고 각자의 휴대전화에 저장했다.

맞은 모습을 찍은 거야?

미우가 가지고 있어요.

괜찮다면… 민생위원(지역의 사회복지 관련 일을 돕는 봉사직—옮긴이)에게 얘기라도 해보면 어떨까. 바로 이해할 거 같은데. 피해 상황 사진 보여주면.

미우가 휴대전화에 사진을 찍어놨어요.

머리 좋네.

미우랑 제 휴대전화에 있어요. 친권 얘기가 나오면 유리하지 않을까 해서.

기념사진

날짜도 남고. 유리하다고 해서 서로
휴대전화에 남겼어요.

쓰바사의 사진은 남편이 삭제할 가능성이 있었다. 만약 그렇게 되더라도
미우 휴대전화에 기록이 남아 있다. 날짜까지 기록되니 쓰바사가 언제
어떤 폭행을 당했는지 증명할 수도 있다. 쓰바사는 미우와 함께 이혼을
위한 준비를 차근차근 해나갔다.

　쓰바사는 폭행 직후 집으로 달려온 미우가 보인 반응이 무엇보다
마음에 남았다고 한다.

　　　　　　　　　미우는 "괜찮아?"라고 묻지
　　　　　　　　　않았어요. "잠깐 기다려"라고. 뭘
　　　　　　　　　하려는 걸까 했더니 "미우도 똑같이
　　　　　　　　　해봤지!"라면서 얼굴에 뭘 잔뜩
　　　　　　　　　칠하고 왔어요! 같이 사진 찍자고
　　　　　　　　　하더라고요…. 그때 그런 미우가
　　　　　　　　　좋았어요. 괜찮냐고 물어도 괜찮지
　　　　　　　　　않은 거야 뻔하잖아요. 온몸이
　　　　　　　　　엉망이 됐는데. …그때 나를 웃게
　　　　　　　　　해준 게 미우였어요. 근데 웃으면
　　　　　　　　　너무 아픈 거예요. "제발 웃기지 좀
　　　　　　　　　마!"라고.

미우는 괜찮냐고 묻지 않았다. 입이 다물어지지 않는 무시무시한 폭력,
지금까지 이런 폭력을 홀로 온몸으로 받아내야 했던 쓰바사가 괜찮지

않으리라는 걸 미우는 너무도 잘 알고 있었기 때문이다.

하지만 폭력이 맨살을 드러낸 사태에 직면하면 사람은 대개 할 말을 잃는다. 어떻게 해야 할지 갈피를 잡지 못한다. 돕고 싶다는 마음과 도움받고 싶다는 마음, 이 두 마음을 서로가 아무리 잘 알아도, 폭행을 당해 자신의 존엄을 부정당하고 온몸에 상처를 입어 참혹한 수렁에 빠진 사람과, 폭행을 당한 경험이 한 번도 없는, 상처 한 번 입은 적 없는 사람이 느끼는 감각은 천양지차이다. 이때 피해자는 또 한 번 고립을 느낀다.

미우는 시퍼렇게 멍이 든 쓰바사의 얼굴과 똑같이 자신의 얼굴에도 멍이 든 것처럼 화장을 했다. 그러고 나서 "미우도 똑같이 해봤지!"라고 쓰바사에게 말을 걸었다. 고통으로 입을 열 수조차 없던 쓰바사는 똑같이 멍투성이가 된 미우의 얼굴을 보며 자신도 모르게 웃음이 나왔다고 한다. 그때서야 미우는 웃는 쓰바사에게 "같이 사진 찍자"라며 다가왔다.

사진은 일상생활의 기록이다. 두 사람의 사진은 쓰바사가 폭행을 당한 것에 대한 증거 기록이자 미우가 목격자를 자임하는 기록이기도 했다. 동시에 머지않아 폭행당하지 않는, 더 이상 두려움에 떨지 않아도 되는 내일이 올 거라는 예감을 확신시켜주는 기록이었다.

쓰바사는 남편이 사소한 일로 또 트집을 잡아 때리지는 않을까 늘 전전긍긍하며 하루하루를 보냈다. 그때 쓰바사에게는 폭행에 몸서리치는 '지금'밖에 보이지 않았다. 시간이 흐르지 않는 것처럼 느껴졌다. 하지만 폭행을 당한 어느 날 미우에게 도움을 청했고 미우는 곧바로 달려와 쓰바사를 도왔다. 그리고 둘이서 사진을 찍자고 제안했다.

쓰바사는 그때 '지금'의 사건이 언젠가 '과거'가 되리라는 것을, 지금까지 흐르지 않았던 시간이 다시 흘러가기 시작했음을 알았다. 쓰바사와 폭행당한 것처럼 화장을 한 미우가 함께 찍은 사진은 언젠가 둘이서 함께 헤쳐나간 '과거'의 기록이 될 것이다. 쓰바사는 아마 미우와 사진을 찍으면서 분명 내일은 '지금'과는 다른 날일 거라는 희망을 품을 수 있었을 것이다.

미우와 기념사진을 찍은 날, 쓰바사는 홀로서기를 향한 첫발을 내딛었다.

✦

쓰바사는 곧 이혼하기로 마음먹었다.

이후 과정은 두 사람이 예상했던 대로 험난했다. 쓰바사가 이혼 얘기를 꺼내자 남편은 아이의 친권은 자기에게 있다고 주장했다. 쓰바사가 재판이든 뭐든 하겠다며 유와는 절대 떨어질 수 없다고 하자, 남편은 쓰바사가 집세를 내고 있는 집에서 나가기를 거부하며 "네가 나가"라고 협박했다.

그래도 쓰바사는 뜻을 굽히지 않았다. 처음으로 엄마에게 결혼하고부터 내내 폭행을 당해왔다고 털어놓았다. 언니에게 미리 사정을 들었던 엄마는 "어쩌겠니. 이혼해서 네가 행복해진다면, 그걸로 된 거지"라고 말했다.

쓰바사는 오빠에게 캬바쿠라에 출근하는 날은 유를 좀 돌봐달라고 부탁했다. 오빠는 흔쾌히 승낙했고 쓰바사와 유의 생활을 도와주었다.

그동안 소원했던 아빠에게도 연락해 도움을 청했다. 아빠는 쓰바사의 남편을 만나 집에서 나가도록 일을 마무리 지었다.

남편이 집을 떠나던 날 쓰바사는 그곳에 가지 않았다.

남편이 나가고 난 뒤 집에 돌아와 보니 텔레비전이 없었다. 남편이 자기 마음대로 가지고 가버린 것이다. 쓰바사는 그길로 곧바로 나가 커다란 텔레비전을 할부로 사 왔다. 집도, 가구도, 일터도 바뀐 것은 아무것도 없다. 하지만 이제 더 이상 맞는 일은 없다.

　남편이 이혼서류에 도장을 찍고 집에서 나간 것은 쓰바사가 폭행을 당한 날로부터 6개월 가까이 지나고 나서였다. 미우에게 전화를 건 날이 쓰바사가 폭행을 당한 마지막 날이 되었다. 쓰바사는 이혼한 지 1년째 되는 날을 자신만의 기념일로 정하고 "나는 노예도 가정부도 아니다"라며 이 일을 되새긴다.

　미우는 쓰바사를 애써 남편과 떼어놓으려 하지 않았다. 미우는 폭행을 당한 쓰바사에게 달려갔고 쓰바사의 상황을 사진으로 남겼다. 미우는 매일 쓰바사의 아이를 어린이집에 데려다주고 데리고 왔다. 미우는 매일 밤 쓰바사와 유와 함께 저녁을 먹었다. 미우는 쓰바사가 마음을 정할 때까지 그저 쓰바사 곁에서 묵묵히 기다렸다. 그리고 둘이 보낸 그날들에 대해서는 내게 한마디도 하지 않았다.

◆

쓰바사와 미우는 반년 뒤에 캬바쿠라를 그만둔다는 목표를 세웠다. 둘은 손님의 지명을 많이 받아서 "1000엔이라도 더 벌고 싶다. 1000엔이라도 더 벌어서 하루라도 빨리 그만두고 싶다"라고 입을 모은다. 일을 그만둔다면 밤에 아이 옆에서 함께 잠들 수 있다.

　6년 동안 계속해온 캬바조를 그만두면 아이가 굶지는 않을까 걱정도 됐다. 하지만 돈을 모아 캬바쿠라를 그만두면 "평범하게 아르바이트하고 낮에 할 수 있는 일을 찾아 부지런히 해보자"고 다짐했다.

　쓰바사는 "자신을 사랑한다는 게 어떤 건지, 남을 위해 무언가를 한다는 것이 어떤 건지, 남자가 아니라 미우에게서 배웠다"라고 했다. 그리고 "쓰바사를 꼭 도와줄 거야. 지켜줄 거야. 유도 함께. 내가 지킬게.

무슨 일이 생기면, 미우가 꼭 도와줄게"라고 했던 미우의 말을 앞으로도 영원히 기억하겠다고 했다.

쓰바사의 꿈은 요리학원에 다니는 것이다. 지금도 유에게 패스트푸드나 냉동식품은 가급적 먹이지 않으려 신경 쓴다. 그렇지만 자신은 집에서 요리를 배운 적이 없어서 제대로 된 요리가 어떤 건지 모른다고 했다. 그래서 요리학원에 다니고 싶다고 했다.

쓰바사의 또 하나의 꿈은 미우네 집 가까이에 사는 것이다. 만약 각자 결혼을 하게 되더라도 지근거리에 살자고 둘은 약속했다. 그리고 미우에게 무슨 일이 생기면 이번에는 자기가 미우를 도와주고 싶다고 쓰바사는 말한다.

맨발로 도망치다

책가방에 드레스를 쑤셔 넣고

스즈노와 나는 2012년 가을에 처음 만났다.

그 무렵 스즈노는 낮에는 간호전문학교에 다니고 밤에는 캬바쿠라에서 일하면서 리오라는 아이를 혼자 키우고 있었다.

우리는 딱 한 번 만났을 뿐인데 간호전문학교의 장기 방학과 실습이 끝날 즈음 스즈노에게서 편지가 왔다.

편지에는 주말에 리오를 데리고 어디에 갔는지, 실습 나간 곳에서 무슨 일을 했는지가 예쁜 손 글씨로 쓰여 있었고 사진 몇 장과 스티커 사진도 들어 있었다.

사진 속에서 스즈노는 리오를 껴안고 웃고 있었다. 가는 곳마다 찍은 스티커 사진에는 "영원히 함께 있자"라든지 "사랑해" 같은 글귀가 인쇄되어 있고 역시 스즈노는 리오와 뺨을 맞대고 웃고 있었다.

리오는 중증 뇌성마비를 앓고 있다. 리오는 혼자서 걷지도 먹지도 못한다.

스즈노는 리오와 함께 살면서 낮에는 학교에 다니고 밤에는 캬바쿠라에 출근한다. 그리고 주말만 되면 쇼핑센터로, 바다로, 리오를 휠체어에 태우고 어디로든 나선다. 스즈노는 그런 일상이 힘들다거나 괴롭다고 쓴 적이 한 번도 없다.

　스즈노가 보낸 편지를 받을 때면 잠시 편지를 손에 쥐고 걷곤 했다. 그리고 비가 오거나 세찬 바람이 불었던 주말에 행여 비를 맞지는 않았을까, 리오가 감기에 걸리지는 않았을까, 마음을 졸이며 천천히 답장을 썼다.

　답장에 뭔가 중요한 얘기를 쓴 기억은 없다.

　실습하는 사진을 보면 항상 스즈노가 한가운데 있어서 웃음이 났어, 가관식(간호학과 학생이 임상실습을 나가기 전 간호사 가운을 착용하고 촛불을 든 채 간호사 모자를 받는 의식—옮긴이) 축하해, 촛불 불빛이 무척 아름다워서 깜짝 놀랐어, 리오를 데리고 바다에 갔나 보네, 아, 그러고 보니 바다가 여름빛을 띠기 시작했네 같은 가벼운 이야기였다.

　스즈노의 편지를 받을 때면 분주한 일상의 속도가 조금 늦춰지는 기분이 들었다. 스즈노는 나보다 훨씬 정신없는 일상을 보내고 있을 터였다. 그렇지만 스즈노의 편지 속에선 왠지 시간이 느긋하게 흘렀다. 아마도 스즈노가 반복되는 일상을 소중하게 여길 줄 아는 사람이어서일 것이다. 하루하루의 시간을 꼼꼼히 엮어가는 스즈노가 보낸 편지를 읽노라면 바람이 잠잠해진 바다를 마주한 듯 마음이 고요해졌다.

　2016년 여름, 4년 만에 스즈노를 만났다.

　머리를 짧게 자른 모습이었다. 4년 전에는 올림머리였는데, 올림머리가 제법 잘 어울렸었는데. "그때는 '스즈노가'라면서 얘기했었지요. 참 어렸었나 봐요"라고 스즈노는 부끄러운 듯 말했다.

　다시 만난 그날, 지금까지 어떻게 지냈는지 긴 이야기를 들었다. 녹음기가 소리 없이 그 이야기를 담았다.

✦

스즈노는 4남매 중 첫째이다. 부모님이 계셨지만 아버지는 직업이 없었고 집에도 잘 들어오지 않았다. 청약 신청을 했던 아파트가 당첨된 뒤 부모님은 이혼했다. 어머니는 카페 웨이트리스와 호스티스 일을 하면서 4남매를 키웠다.

어머니는 호스티스 일이 끝나면 집으로 돌아와 아이들 먹을 아침밥을 지어놓고는 모닝세트를 판매하는 카페로 출근했다. 아이들은 모두 알아서 일어나 어머니가 만들어놓은 아침을 먹고 학교에 갔다. 그렇게 아이들은 커갔다.

스즈노는 고등학교 2학년 때 임신을 했다.

상대는 중학교 때부터 사귀던 같은 학년 남학생이었다. 스즈노는 아이를 낳고 싶어 했지만 가족과 친구들은 모두 반대했다. 어머니도 두 사람 모두 아직 어리다며 말렸다. 친구들은 스즈노의 남자친구가 폭력적이라는 사실을 알고 있었다. 그래서 불안해했다.

스즈노는 지속적으로 남자친구의 구타에 시달려왔다. 막 사귀기 시작했을 때에는, 예쁘게 꾸미고 나가면 바람피우는 거 아니냐면서 화장을 못 하게 했고, 머리 모양을 바꾸면 전에 했던 헤어스타일이 더 좋다며 불평했다. 소소했던 간섭과 투정은 점점 강도가 심해졌고 나중에는 휴대전화를 확인하는 등 스즈노의 일거수일투족을 통제하려 들었다. 그리고 언제부턴가 스즈노를 때리기 시작했다.

스즈노가 임신 사실을 안 것은 남자친구에게 얻어맞고 난 뒤였다. 스즈노는 아이가 태어나면 남자친구의 폭력이 사라질 거라 믿었다.

스즈노와 남자친구는 주위의 반대를 무릅쓰고 아이를 낳기로 했다. 돈이 없어 집을 빌릴 수 없었기 때문에 양쪽 부모님과 상의해

책가방에 드레스를 쑤셔 넣고

처음에는 남자친구네 집에서 살다가 이후에는 스즈노네 집에서 사는 식으로 서로의 집을 오가면서 생활하기로 했다.

함께 사는 동안 남자친구의 폭력은 계속됐다.

스즈노는 임신 중이라 일을 할 수 없어 남자친구가 일을 하기로 했다. 하지만 남자친구는 한곳에 진득하니 붙어 있지 못했다. 이 때문에 종종 말다툼을 했다. 말다툼 끝에 "배를 차지는 않았지만 머리채를 잡아채는" 등 번번이 스즈노를 때렸다. 하지만 한집에 사는 남자친구의 아버지는 스즈노가 맞고 있어도 말리지 않았다. 남자친구의 어머니는 스즈노가 맞을 짓을 했으니 맞는 게 아니냐는 둥, 폭력에는 양쪽 모두 책임이 있다는 둥의 소리를 했다.

남자친구네 부모도 알지 않았어? 왜 가만히 있지?

부모님이 나온 적도 있었어요.

시어머니?

응. [시어머니는] 계셨지만 나오지 않을 때도 있고. 아침, 다음 날 아침에 "그게 뭐니? 여긴 시골이라 이웃집에 다 들리는데, 너도 참!" 이런 식으로 말하고. 그때는, 정말, 나도 '너무 심하네'라고 생각했어요.

그 말을 남자친구에게, 그니까 자기 아들한테 하지 않고, 스즈노한테?

둘이 있을 때도 했고요. … [근데] 언니가 있을 때는 언니가 들어와서,

언니랑 남자친구랑 싸웠어요. 벽에
구멍이 나기도 하고, 선풍기가
부서지기도 하고.

싸우다가?

싸우다, 네. 언니랑 남자친구가
싸우다가.

언니는 감싸줬구나?

네네, 도와주려고. 둘이 정말 크게
싸웠어요.

남자친구의 누나가 스즈노 편을 들면 이번에는 남매끼리 싸웠다.
스즈노를 향한 폭력은 결코 멈추지 않았다.

그런 상황을 스즈노는 친구에게 털어놓을 수 없었다.

스즈노의 친구는 헤어지는 게 낫다고 몇 번이고 스즈노를 설득했지만
스즈노는 친구의 반대를 뒤로하고 출산과 합가를 결정한 터였다. 그러니
아직도 맞고 있다고 친구에게 말할 엄두가 나지 않았다.

이때는 그럼, 의지할 만한 곳이 없었던
거야? 그러니까 폭력을 피할 만한 곳
말이야.

친구는 리오가 태어나기 전부터 엄청
많이 도와줬어요. "이런 일이 있으니
좀 도와줘"라고 매번 부탁하고.
[친구는] 헤어지라고 하는데 나는
계속 안 헤어지고. 그래서 친구를

책가방에 드레스를 쑤셔 넣고

배신했다는 느낌이랄까. 제발
헤어지라고 친구가 사정하는데도 말을
안 들었으니까.

임신 7개월이 됐을 무렵 스즈노는 자기 집 화장실에서 갑자기 산기를
느꼈다. 단순한 복통이겠거니 하고 참았는데 양수가 터지고 말았다.
가족과 함께 서둘러 차를 타고 다니던 산부인과로 갔다. 병원에선 산모와
아이 둘 다 위험한 상태라며 곧바로 큰 병원으로 이송해야 한다고 했다.
　　아이가 나오기 시작했기 때문에 출산을 멈출 수는 없었다. 저혈압이
심했던 스즈노는 바로 혈압을 높이는 처치를 받았다. 스즈노는 한밤중에
분만실에 들어갔고, 아기는 무사히 태어났다.
　　리오는 태어나자마자 인큐베이터에 들어갔다. 리오의 체중은
914그램으로 신생아집중치료실에서 치료를 받아야 하는 저체중이었다.
　　의사는 폭행과 같은 강한 스트레스를 계속 받으면 자궁 수축이
일어난다고, 그러다 자궁 입구가 갑자기 열려 조기 출산을 하게 된
것이라고 했다.

◆

퇴원하고 스즈노는 매일 리오를 보러 병원에 갔다.
　　리오는 여러 번 죽을 고비를 넘겼다. 퇴원복을 준비하라고 통보받은
적도 있었다. 아직 인큐베이터에서 나올 수 없는 아기의 퇴원복을
준비하라는 말은 곧 아기가 죽어 집으로 돌아가게 될 수 있다는 뜻이었다.
무슨 일이 일어날지 아무도 예측할 수 없었다.
　　이런 와중에도 남자친구의 구타는 계속됐다. 스즈노는 "이러다가는

　　　　　　　　　　　맨발로 도망치다

맞아 죽겠다"는 생각에 몇 번이나 경찰서로 달려갔다. 하지만 경찰서에선
혼인 신고를 하지 않아 보호 대상이 아니라면서 스즈노를 돌려보냈다.

경찰서에, 저, 여러 번 갔었어요.

여러 번 갔었구나.

갔는데, 결혼을 안 했다고. 그때는
가정폭력 그런 거, 지금은 가정폭력,
여기저기에, 화장실이라든지 그런
데도 안내하는 종이가 붙어 있지만,
그때는 그런 게 전혀 없었거든요.
연인관계라서, 혼인 신고 안 했으니까
거기에서 이미 안 됐어요. 오늘 집에
돌아가고 싶지 않으니까, 돌아가면
맞아 죽으니까, 집에 안 가고 싶어서
여기 있게 해달라고. [경찰서] 입구에
대기실이라는 게 있었는데 그곳도 안
된다고. … 소용없었어요.

폭행 현장에서 겨우 빠져나와 경찰서로 달려가 자신을 보호해달라고
부탁했지만, 경찰서에서는 스즈노를 돌려보냈다. 집에 가면 또다시
얻어맞고 만다. 어디에도 갈 곳이 없던 스즈노는 응급환자를 싣고 오는
구급차의 사이렌 소리가 끊이지 않는 K 종합병원 대기실에서 시간을
보내곤 했다. 한번은 혼자 거리를 헤매다 만난 일면식도 없는 택시 기사의
집에서 밤을 보내기도 했다.

책가방에 드레스를 쑤셔 넣고

옛날 K 병원, A 공원 맞은편에 있는, 밤에 거기 1층 대기실에서 시간을 보낸 적도 있었어요.

집에 안 들어가고?

집에 들어가면 맞아 죽을 거 같아서.

리오, 낳고 난 뒤인 거지.

낳고 난 뒤 [중략].

1년 5개월 동안 폭력은 전혀 사라지지 않았구나, 내내?

매일은 아니었지만 그게⋯. 그때도 그게⋯ 기억이 안 나네요. ⋯택시 기사가 도와준 적도 있어요. '어디로 갈까, 병원에 계속 있을 수도 없고'라는 생각에 밖으로 나왔어요. 나가서 일단 택시를 타고, 나도 무슨 생각이었는지 모르겠는데, 일단 택시를 타고 어딘가 가려고 했던 거 같아요. 어디로 갈지는 모른 채. 택시를 기다리는데 택시 하나가 와서 멈췄어요. "어디 가니?"라고. "모르겠어요, 일단 가주세요"라고 말했던가, 그랬나 봐요. 갈 데도 없었으면서. 기사님이 정말 좋은 분이셨어요. 내가 떨고 있었는지, A 공원에서 집단 폭행 사건이 있어서,

맨발로 도망치다

그런 여자아이라고 지레짐작한
것 같아요. "그런 게 아니라,
이러저러해서"라고 말을 했어요.
그랬더니 기사님이 "마침 비어 있는
집이 있는데"라면서 "거기서 오늘만
묵으면 어떻겠니?"라고. 그런 말
들으니 무섭잖아요. 그래도 되나 싶고.

그랬겠다.

'잡아 가두면 어쩌지' 하는 생각이
들기도 했고. 그래서 괜찮다고
그랬는데, 결국 거기로 갔어요.
기사님이 자기는 거기 안 산다고,
"우리 집은 다른 데 있어"라고. 이불
같은 게 있었나. 아무튼 그냥 잠을 안
잤어요. 자지 않았어요, 그때. 기억에
남아요. [사람이] 들어올까 봐, 체인
걸어서 문단속해놓고. 다음 날 아침에
그대로 나왔어요. 아무 말도 안 하고.
… 그런 일도 있었어요.

열여덟 살? 열일곱 살 때?

열일곱 살이었던 거 같은데. 그래서
다음 날 아침, 아침이 되니까, 날이
밝으니까 나도 좀 정신이 나서 집에
돌아갔어요. 남자친구 화 풀렸을
테니까. 오히려 집에 들어오지 않은 일

책가방에 드레스를 쑤셔 넣고

가지고….

걱정해서?

네, 이번에는 집에 없으니까. 화는
풀렸더라고요.

경찰서에서도 받아주지 않았고, 가까이에 도움을 청할 사람도 없었다.
스즈노는 남자친구의 폭행을 피하기 위해 바보 연기까지 했다.

무섭지 않았어?

무섭긴 했지만, 사람이, 오랫동안
맞고 살다 보면 점점 지혜가 생겨서.
어떻게 말해야 되지, 내가 바보같이,
바보가 된 것처럼 하면 상대가 깜짝
놀라서 멈추는 거예요. (웃음)

무슨 뜻이야?

상대가 때릴 때 내가 말대꾸를
하면 더 심하게 때리니까. 내가
나를, 어떻게 말해야 되지, 내가 내
머리카락을 손으로 잡아 뜯는다든지.
그렇게 막 하면 상대가 놀라서
멈춰요.

이성을 잃은 것처럼?

네네! 내가 나를 막, 흥분해서. 그럼
멈춰요. "야, 괜찮아?"라고 물으면서.

머리가 어떻게 된 건 아닌가 싶어서?

네네, 머리가 어떻게 된 것처럼 보이게.

리오를 보러 병원에 다니던 동안 스즈노는 매일 맞으며 지냈다.

병원에 갈 때면 폭행으로 생긴 상처를 화장으로 애써 감췄지만 간호사들은 스즈노가 맞고 지낸다는 사실을 금방 눈치 챘다.

한 간호사가 병원은 언제든 열려 있으니까, 무슨 일 있으면 병원으로 도망쳐 오라고 말했다. 어떤 간호사는 자신의 휴대전화 번호를 적은 쪽지를 스즈노에게 건네며 언제라도 연락하라고 당부했다.

병원으로 몸을 피한 적도 간호사에게 전화를 건 적도 없었다. 그래도 스즈노는 그때 받은 쪽지를 수첩에 끼워 넣고 지금도 매일 가지고 다닌다.

쪽지에는 "울고 싶을 때에는 소리 내서 마음껏 울어요. 울고 나면 왠지 힘이 날 테니까"라고 써 있었다. 스즈노는 힘든 일이 있으면 이 쪽지를 꺼내 쥐고는 펑펑 울었다. 울고 나면 정말로 기운이 났다. 그래서 다시 한 번 힘을 내보자고 마음을 다잡을 수 있었다고 한다.

◆

리오는 한 살이 지나 기관절개 수술을 받았다. 처음으로 자가 호흡을 할 수 있게 되었다. 그리고 드디어 퇴원을 했다. 퇴원 직전 마지막 검사에서 리오는 중증 뇌성마비 진단을 받았다. 리오는 흡인기와 흡입기를 몸에 붙이고 있어야 했다. 기관절개를 하고 넣은 기관절개용 튜브가 빠졌을 때의 처치 방법, 심폐소생술 등 리오와 함께 생활하기 위해 익혀야 할 것이 많았다.

뇌성마비라는 말을 듣고 스즈노는 목 놓아 울었다. 울고 난 뒤 스즈노는 마음을 추스르고 필요한 처치들을 하나하나 배운 뒤 리오를 데리고 집으로 돌아왔다.

리오가 집에 돌아오고 나서도 스즈노와 남자친구의 관계는 변하지 않았다.

몇 개월 뒤 스즈노와 남자친구는 사소한 일로 싸웠고 그 일을 계기로 스즈노는 헤어지기로 결심했다.

집을 나왔을 때, 경찰서에 갔을 때에는 이미 헤어지기로 마음먹은 거였어?

네, 집에서 나온 순간부터, 이젠 헤어지자고.

그때는 왜 그렇게까지 생각했어?

지금까지 쌓이고 쌓인 감정도 있고. … 그때, 지금도 기억이 나는데, 피자 때문에 싸움이 났어요.

피자?

피자를 데워 달라고 해서 전자레인지에 돌렸는데, 그럼 너무 뜨겁잖아요. 그래서 아마 30초인가 20초인가 돌려서 갖다 줬더니 차갑다면서 화를 내는 거예요. 도대체 어쩌라는 건지. "그럼, 알아서 돌려!"라고, 그렇게 싸우게 됐는데, 싸우게 되니까, 이래선 안 되겠다, 잠깐 머리 식히고 와야겠다 싶어서 혼자 나가려고 했더니, "왜 혼자 나가?" 그러더라고요. "리오도 데리고 나가!"라는 식으로. 그때 뭔가 툭. '그렇구나, 둘이 같이 집을 나가라고 말하는 거구나.' 그래서 나가기로 마음먹었어요.

그때는 맞거나 하지는 않았고?

그때는 때리지는 않았던 거 같아요.

그동안 쌓인 게 터진 거구나.

지금까지 쌓인 게, 네.

리오 앞에서 그렇게 싸우는 게 싫었어?

그런 것 같아요. [리오가] 집에 왔으니까 더. 지금까지는 집에 없었는데, 리오, 집에 돌아왔으니까.

남자친구와 싸우고 집을 나오면서 스즈노는 아기띠로 리오를 앞으로 안고 흡인기와 흡입기를 등에 맸다. 집을 나선 스즈노는 집에서 10분 정도 떨어진 친구 시오리네 집으로 향했다. 전후 사정을 들은 시오리는 택시를 불렀다. 셋은 택시를 타고 경찰서로 갔다.

　지금까지는 스즈노의 말을 무시하고 돌려보내기만 했던 경찰도 리오를 안고 있는 스즈노를 보더니 마지못해 움직였다. 스즈노와 리오는 곧바로 경찰서에서 가장 가까운 가정폭력 피해자 보호시설에 들어가게 됐다. 하지만 시설에서는 리오에게 적절한 의료 처치를 해줄 수 없었다. 어쩔 수 없이 스즈노는 시설에서, 리오는 병원에서, 그렇게 서로 떨어진 채

책가방에 드레스를 쑤셔 넣고

지내게 되었다.

보호를 받으면서 스즈노는 오랜만에 마음이 느긋해졌다. 시설 직원들은 마치 부모처럼 스즈노의 이야기를 들어주었다. 스즈노는 "이렇게 좋은 사람도 있구나" 하고 놀랐다고 한다. 시설 직원은 남자친구가 스즈노를 때리지 못하게 접근 금지 신청 준비도 도와주었다.

또한 일주일에 한 번은 스즈노가 리오가 있는 병원에서 지낼 수 있게 배려해주었다. 아마 리오와 떨어져 지내는 스즈노가 안타까워서 그랬을 것이다.

　　　　　　　　　　　　리오가 있는 병원에서 묵기도 했어요.
　　　　　　　　　　　　떨어져 있는 것도 처음이었고,
　　　　　　　　　　　　괴로웠으니까 [중략].

같은 방에서 함께 자고, 그렇게?

　　　　　　　　　　　　리오 침대에 누워서, 네.
　　　　　　　　　　　　일주일에 한 번.

잘 수 있나? (웃음)

　　　　　　　　　　　　보통 소아과에서는 다들 그렇게 해요.
　　　　　　　　　　　　(웃음) 엄마랑 아이랑 같이.

시설에 들어간 지 3주가 지났을 때 접근 금지 신청이 받아들여졌다. 시설에서 나와 집으로 들어간 스즈노는 남자친구네 집에서 짐을 가져와야 했다. 경찰에 의뢰해 경찰관을 대동했다. 짐을 싸는 동안 남자친구는 옆에 있었지만 스즈노에게 한 마디도 하지 않았다.

그 이후 스즈노는 남자친구를 만난 적이 없다.

◆

리오와 함께 집으로 돌아온 뒤 스즈노는 외출을 할 수 없었다.

시설에서 보호를 받으며 마음 놓고 지내는 동안, 폭력에 맞닥뜨리는 게 이전보다 훨씬 더 두려워졌기 때문이다. 헤어진 남자친구를 만나게 될지도 모른다는 생각에 밖으로 나가기가 무서웠다. 스즈노는 리오와 둘이서 집에 틀어박혀 나오지 않았다.

하지만 스즈노는 리오를 위해 밖으로 나가기로 결심한다. 리오를 담당하는 정신보건사는 스즈노네 집을 방문할 때면 스즈노와 상담한 뒤 스즈노를 자신의 차에 태워 재활의료센터까지 데려다주곤 했다.

(웃음) 한동안은, 오랫동안, 아무것도 안 하고, 몇 개월 동안 계속 집에 처박혀 있었어요. 그런데 정신보건사가 리오는 의료센터에 다녀야 한다고 해서. 정신보건사랑 상담하면서. 정신보건사가 자질구레한 일까지 다 챙겨주셨어요. 난 차도 없었으니까 그분 차 타고. 의료센터 견학도 시켜주고. 정신보건사, 이분 이름이 K인데, 지금은 다른 곳으로 발령이 났지만, 정말 도움을 많이 받았어요, 이분한테. [중략] 마지막에 전화 주셨을 때 현으로 발령이 났다고, 아마 현청인 것 같아요,

책가방에 드레스를 쑤셔 넣고

그래서 다른 분이 담당하게 됐다고 알려주셨어요. 이분이 정말 많은 일을 해줬어요. 내 상황을 아니까 이야기도 하고 상담도 잘 해주시고.

집으로 돌아온 지 2, 3개월이 지나서야 스즈노는 정신보건사와 함께 리오를 재활센터에 데리고 다니면서 조금씩 문밖으로 나설 수 있게 됐다.

스즈노는 일을 해야겠다는 생각을 했다. 리오를 맡길 곳이 없어서 낮에는 일자리를 구할 수 없었다. 하지만 저녁엔 퇴근한 엄마에게 리오를 부탁할 수 있었다.

스즈노는 시간제 캬바쿠라에서 면접을 봤다. 그런데 시간제 캬바쿠라는 나이를 한층 엄격하게 확인했다. 당시 열일곱 살이었던 스즈노는 일할 수 없었다.

스즈노는 보틀제• 캬바쿠라를 경영하는 친구 어머니에게 부탁해 그 가게에 일자리를 얻었다.

처음부터 보틀제?

보틀제였어요. 음, 나이를 확인했거든요, 시간제는. 시간제에서는, 나이를 증명할 수 있는 거, 건강보험증이라든가, 고등학교 졸업앨범을 가지고 오라고 해서, 어느 것도 없으니까, 할 수 없었어요.

• 손님은 테이블 비용을 내고 주문한 술값을 지불한다. 보틀제 고객층은 시간제 고객층보다 연령이 높다.

그럼, 보틀제는?

엄격하지 않았어요. [중략]

이 가게는 누가 소개해줬어?

소개라고 해야 하나, 친구 어머니가
하는 가게였어요.

오라고 요청이 왔어?

오라고 했다기보다… 일하게 해준다고.

아, 부탁했구나. 중학교 때 친구?

네. …시간제도 몇 군데 갔는데, 전부
나이 확인을 해서 할 수 없었어요.

낮에는 리오를 돌보고, 밤에는 캬바쿠라에서 일하는 생활이 시작됐다.
　그해 3월, 중학교 때부터 친했던 친구가 고등학교를 졸업했다. 친구
졸업식을 찾은 스즈노는 후회가 됐다.

그해, 새해 되고 나서였나. 집에
돌아온 다음에 '다시 다닐까' 하는
마음. 친구들이 고등학교 졸업하던
무렵이었어요. 그래서 졸업식에 갔는데,
'난 뭘 하고 있는 거지'라는 생각이
들어서.

어디 졸업식에 갔는데?

T 학교. 친구가 다닌.

시오리?

아니요, 시오리는 1년 유급당했어요.

　　　　　　　책가방에 드레스를 쑤셔 넣고

(웃음) 중학교 때 친구.

그럼, 계속 함께 다녔던 친구겠네.
꽃다발 들고 갔어?

네. 아, 꽃다발 아니고 과자로 만든
목걸이 가지고, 친구들에게 [중략].
'모두 벌써 졸업하는구나, 나는 뭐
하고 있는 거지' 싶더라고요.

스즈노는 다시 고등학교로 돌아가기로 결심했다. 리오를 맡길 곳이
없어서 낮에는 어려웠지만 야간 고등학교라면 다닐 수 있었다.

✦

4월이 되자 스즈노는 휴학했던 고등학교 야간반 과정에 들어갔다.
저녁이 되면 가방에 드레스를 쑤셔 넣고 학교로 향했다. 밤, 수업을
마치면 곧바로 캬바쿠라로 출근했다.

이 가게에서 몇 년? 얼마 동안?

3년 반 정도.

오래 했네. 그럼, 거기서 일하면서
학교로 돌아간 거구나.

네, 학교가 끝나면 거기로 갔어요.

드레스 같은 거 챙겨서?

네, 드레스 쑤셔 넣고! 가방에 넣어서,
학교 가고! 가끔 그 당시 손님 만나면

나이 숨겼던 거 가지고, "이제는 뭐 시효가 지났네"라는 농담도 해요. (웃음)

일주일에 며칠?

일주일에 세 번 정도밖에 출근 못 했어요.

세 번? 언제? 학교 가는 날?

학교 가는 날.

힘들었겠다.

네, 매일 출근했던 적도 있기는 해요. 다른 가게에서 일한 적도 있었고.

다시 돌아간 고등학교 생활은 무척 즐거웠다. 가게에 오는 손님도, 사장도 매우 친절했다.

생활이 차츰 정리가 되는 사이 스즈노는 간호사가 되고 싶다는 꿈을 품게 됐다. 스즈노가 가정폭력을 당하고 있다는 사실을 알아채고 호의를 보여준 간호사들을 스즈노는 줄곧 동경해왔다. 마침 스즈노가 야간 고등학교를 졸업하는 이듬해는 리오가 초등학생이 되는 해이기도 했다. 리오가 초등학교에 다니게 되면 낮에는 학원에서 공부를 할 수 있었다. 스즈노는 간호전문학교에 들어가기 위해 학원을 다녀야겠다고 생각했다.

학원에 다니기 시작한 건 졸업하고 나서?

네, 야간 졸업하고. 그때 학교를 다니려면 리오 생활 패턴을

고려해야 했어요. 그래서 리오의
하루 생활 패턴이 안정될 때까지,
리오가 초등학교 갈 때, 초등학교
가기 전이었어요, 그래서, '초등학교
들어가면 시간이 어떻게 되지?'라고.
학원도 다른 어디도 다니지 않던 때가
있었어요. '내가 정말 학교 다닐 수
있을까?' 상황을 알아보려고.

음…. 리오가 8시에 [초등]학교에 가고,
4시 반까지 학교에서 [보내고]?

그 전까지 어린이집 다닐 때에는
환아 보육. 일반 어린이집에 맡길 수
없어서, 아침에 특수요육(療育)원
(장애 아동에게 맞춤형 치료와
교육을 제공하는 시설—옮긴이)에
가면 1시에, 10시[에] 가면 1시에
데리러 가는 그런 생활이어서 학원에
다니기는 좀 애매했어요. 초등학교
가기 전에, 초등학교는 아침부터
가니까, 초등학교 가기 전에 시설이,
그니까, 아침부터 저녁까지 맡아주는
시설이 있다는 걸 알고. …다녔었나.
초등학교 가기 전이라서 적응시키려고
다녔었나? …적응 때문에, 초등학교
가면 이런 식으로 생활하니까 해보자

맨발로 도망치다

하고. 일단 해봐야 생활 리듬을 알 수
있으니까. 초등학교도 엄마가 같이
다녀야 했어요. 처음에는 의료 처치나
도움이 필요했으니까.

그렇구나. … 힘들었겠네.

나보다 먼저 학교 보낸 엄마들은
계속 아이랑 같이 학교에 다녔어요.
…학교도 어디 다닐지 고민하고.
일반학교, 다양한 아이들이 있는
곳이 좋을까, 특수학교가 좋을까,
그런 학교는 어디 있을까. 또
K 초등학교 견학도 갔어요. K
초등학교는 버스가 있다든지, 그러면
리오는 버스로 통학할 수 있는지.
집에서 멀기는 하지만 버스가
있으면 직접 데려다주고 데려오지
않아도 되니까 좀 편하지 않을까
고민하면서. 결국에는 특수학교로
정했어요. [하지만] 의료 처치가
필요해서, 부모 동반을 요구해서,
그걸, 그니까, 재활 선생님이 "리오는
전부, 혼자서 가래를 뱉으니까
없어도 괜찮아요"라고 얘기하셔서.
그때 나도 학교에 가려고. 재활
선생님이 "엄마도 학교 가고 싶어

책가방에 드레스를 쑤셔 넣고

하니까"라면서, 부모 동반 등교는 안
해도 됐어요. 처음에는 같이 갔었고요,
학교에 적응할 때까지는.

4월? 5월까지?

네.

두 달 정도?

네. … 가서, 식사 방법 같은
거 가르쳐주고. 지금은 학교랑
특수요육원이 잘 연결되어 있으니까
부모가 학교에 안 가도 괜찮지만. 지금
다니는 아이들은, 일반적으로 이제는
다. 하지만 리오가 학교 다닐 때에는
부모가 같이 다녀야 했던 시절이라서.
전부 다 그렇게 해서, 나 때에는
바뀌는 게 많았던 때라서, 여러
가지가. 사회가 ….

리오가 초등학교에 들어가고 몇 달 동안 스즈노는 리오와 함께
초등학교에 다녔다. 그러다 리오가 학교생활에 적응하고 안정을 찾은
2009년 9월, 스즈노는 간호전문학교에 들어가기 위해 학원에 등록했다.
그리고 3년 뒤인 2012년 4월, 스즈노는 간호전문학교에 합격했다.
　　간호학교 생활은 즐거웠다. 친구도 많았고 공부도 재밌었다. 무엇보다
학교에서의 생활 하나하나가 간호사라는 직업으로 이어진다는 사실이
가슴 설레었다.
　　만약 간호사가 된다면 스즈노는 소아병동에서 일하고 싶었다. 리오가

102　　　　　　　　　　　　　　　　　　　　맨발로 도망치다

신생아집중치료실에 있었을 때 간호사들이 베풀어준 호의가 자신을 이 길로 이끌었기 때문이다. 자신을 위로하고 격려해준 간호사를 동경하던 마음이 간호사라는 직업을 꿈꾸게 된 씨앗이었으니까. 어린아이의 투병생활에서는 환자인 아이뿐 아니라 그 가족에게도 돌봄의 손길이 필요하다. 소아병동에 근무하면서 자신이 받은 도움을 다른 사람에게 돌려주고 싶었다.

평일에는 아침 9시부터 오후 5시까지 수업을 받고 나면 숙제하기도 벅찼다. 캬바쿠라 출근은 금요일과 토요일, 일주일에 두 번으로 바뀌었다. 주말에는 리오를 데리고 이곳저곳 돌아다녔다. 그렇게 스즈노는 공부를 계속했다.

✦

간호전문학교 3학년 마지막 실습 병원은 막 태어난 리오가 입원했던 곳이었다.

실습 첫날, 리오를 돌봐줬던 간호사와 마주쳤다. 이제는 간호부장이 되어 있었다. 말을 걸고 싶었지만 실습생 주제에 간호부장에게 함부로 말을 걸면 안 될 것만 같았다. 그런데 그날 실습을 마칠 무렵 간호부장이 스즈노를 불렀다.

> 그날 실습을 마치고 돌아가려고 할 때였나, "스즈노 씨, 잠깐만요" 하고, 간호부장님이 불렀어요. 어? 무슨 일이지, 두근두근했죠. 무슨 얘기를 하려는 걸까, 조마조마하면서 갔더니,

> "리오 엄마지요?", "정말 열심히
> 살았구나"라고. 말을 걸고 싶었는데,
> 못 했다고 하니까 "말을 하지, 난 바로
> 알아봤는데" 그러면서 "반갑다고".

같은 병원에서 중환자실 실습을 할 때였다. 신생아집중치료실 실장이었던
간호사를 만났다. 역시 스즈노를 알아보고 먼저 다가왔다.

> 그때 중환자실도, 리오 때 신생아집중
> 치료실 실장이었던 분이 간호부장으로
> 있었던 거예요. 그때 수술실 견학하고,
> 중환자실 견학이어서 얼굴이 잘 안
> 보이는 상태였는데.

마스크를 썼었구나.

> 마스크를 썼는데도 "리오
> 엄마지요?"라고, 아마도 실습자
> 명단이 있어서 알았을지도 모르지만
> 실장님이 말을 걸어주셨어요.
> "힘들겠지만, 열심히 해!"라면서.

실습 기간은 리오가 입원했을 때 도움받았던 간호사와 재회하는,
스즈노가 간호사가 되는 것을 기뻐하고 응원해주는 사람들을 만나는
시간이었다.
　분명 그랬을 것이다. 남자친구의 폭행에 시달리면서 갓난아이를 홀로
돌보던 어린 여자아이가 이제는 간호사가 되기 위한 마지막 실습장에

　　　　　　　　　　맨발로 도망치다

서 있었으니까. 스즈노와 리오를 아는 사람은 모두 마지막 실습을 앞둔 스즈노의 모습을 보며 기뻐하지 않을 수 없었을 것이다.

그렇지만 실습을 하는 동안 웃으며 얘기할 수 있는 일들만 있었던 것은 아니다.

리오를 돌봐주던 스즈노의 어머니가 심한 허리 통증 때문에 리오를 돌봐줄 수 없게 됐다.

스즈노는 리오를 입주시설에 보내기로 결심했다.

리오는 두 살이 되기 전부터 다니던, 학교와 가까운 재활 의료센터에 입소하기로 했다. 장소도, 직원도, 리오와 스즈노에게는 친숙했다. 아무리 익숙한 곳이라지만 결정이 쉽지는 않았을 것이다. 리오가 병원에서 퇴원한 뒤 11년 동안 스즈노는 리오와 떨어진 적이 없었다. 그런데 이제는 리오와 떨어져 지내야 한다.

[의료센터] 통원 선생님인가가 "리오 어머니, 빨리 결정하셨네요. 혼자 결정하셨나요?"라고 묻더라고요. '이럴 때는 이렇게 하자'라는 최종적인 각오는 일찌감치 하고 있었어요. 그래서 "일단 각오는 하고 있었어요. '이럴 땐 이렇게 하자'고 쭉 생각했었거든요" 같은 얘기는 나눴는데, 보육하시는 선생님들이랑. 잘 아는 곳이니까, 아는 사람도 있고…. 아는 사람들이 계속 봐주니까, 안심이네.

책가방에 드레스를 쑤셔 넣고

그래도 처음에는 괴로웠어요.

괴로웠구나.

괴로웠어요. … 괴로웠어요.
… 맡기는 게.

집에서 돌보고 싶었어?

… 네.

집에서 돌보고 싶었구나.

… 네.

이런 마음을 누군가에게 얘기한 적
있니?

… 그러네요, … 아무한테도 안 했어요.
… 아, 거기 입소한 아이 엄마 중에
간호사인 분이 계세요. 정말 너무
괴로울 때, 그 엄마를 주차장에서
만났는데, "힘들어요" 하며 운 적이
있어요.

간호사가 되고 나서?
아니면 실습 때?

실습 때. 실습, 3학년 때. 힘들다고
얘기하고. 지금까지 혼자서, 음…
키워왔으니까. 왠지 내 꿈을 위해
리오를 이렇게까지 해야 할까.
이렇게까지 해서, 내가 일하기
위해서, 간호사가 될 필요가 있을까
하는 생각도 들고. 그렇지만 일을

맨발로 도망치다

하지 않으면 생활이 안 되고. … 음,
돈, 생활비는 모아야지라는 생각도
들고….

스즈노는 누구와도 상의하지 않고 리오를 시설에 맡기기로 결정했다.

앞으로도 눈코 뜰 새 없이 바쁠 게 뻔한 남은 실습 과정, 실습 후에는
병원 채용 시험과 취직 준비 그리고 리오와 어머니의 건강 상태를 고려하면
리오를 집에서 키우는 일은 이제 한계에 다다랐다는 게 명확해 보였다.

그렇지만 스즈노는 분했다. 장애가 있어도 집에서 함께 살아갈 수 있는
제도가 있다면 리오와 같이 살 수 있을 텐데 안타까웠다.

이 시절 이야기를 할 때면 스즈노는 지금도 운다.

✦

실습이 끝나고 학교로 돌아온 스즈노는 일하고 싶은 병원을 세 군데로
압축했다.

긴 투병생활을 해야 하는 아이들이 있는 병원에서 일하고 싶어서
소아외과가 있는 병원 두 곳과 집에서 가까운 종합병원 한 곳을 골라 채용
시험을 치렀다. 하지만 소아외과가 있는 두 곳은 모두 떨어지고 3순위였던
종합병원에 채용됐다.

그때까지 스즈노는 환자를 직접 돌보는 일만 생각하며 병동 근무만
희망했는데 실습을 하다 보니 인간의 몸에 대한 해부학적 지식을
쌓는다거나, 수술을 능숙하게 해내는 팀플레이에도 관심이 생겼다. 그래서
수술실을 2지망으로 적었는데 그쪽으로 배치를 받았다.

지금은 3순위였던 종합병원에 채용되어 2지망이었던 수술실에

책가방에 드레스를 쑤셔 넣고

배치된 것이 정말 다행이라고 생각한다. 그도 그럴 것이 지금처럼 리오랑 같이 살 수 없는 상황에서 소아병동에 배치되었다면 눈앞에 있는 아이를 돌볼 때마다 얼마나 괴로웠을지 상상이 됐기 때문이다.

> 만약 [매일 집에] 리오가 있다면, 나도 소아과에서 일할 수 있겠지만, 리오와 함께 살지 않는 지금은 소아과에서 일할 수가 없어요. 아무래도 못 견딜 거예요. …내 아이는 돌보지도 못하면서 저 애를 돌볼 때가 아닌데 같은 생각을 할 게 뻔해요.

실무에 돌입하자 배워야 할 것, 공부해야 할 것이 산처럼 쌓였다. 그래도 스즈노는 매일 리오를 만나러 갔다.

　일이 끝나면 스즈노는 곧장 시설로 가 리오를 만났다. 그리고 세탁해 온 리오의 옷을 건네주고, 리오의 빨랫감을 받아 돌아왔다.

> 빨래는 사실 시설에서 다 해주지만 나는 집에서 빨아 온다고 하고서 가지고 와요.

지금도?

> 네, 지금도.

빨래 가지러 가는 거야?

> 매일, 거의 매일 리오 보러 가니까…. 왠지 빨래까지 시설에 맡기면 난 뭘

해야 좋을지 모르겠어서….

이렇게 열심히 하는데도 그런 생각을
하는구나.

리오 학교 가는 준비도, 옷 갈아입히고
밥 먹이고, 학교에 데리고 가고, 다
거기서 해주잖아요. 그러니까 난
리오를 위해 아무것도… 아무것도
해주는 게 없다는 생각에.

그렇구나.

그래서 빨래 정도는 하고 싶어요,
집에서…. 지금은 수술실에
있으니까, 주말에는 데리고 집에 올
수 있어요. 수술실은 기본적으로
일요일, 공휴일은 쉬니까요. 그래서
지금까지의 생활 리듬을 무너뜨리지
않으면서 주말은 집에서 보낼
수 있어요. 그렇지만 병동에서
일하게 되면 교대제여서 주말이나
공휴일에도 출근해야 할 때가
있거든요. 어쩌면 이것도 운명일까
싶기도 해요. 수술실에 배치된 것도,
지금의 생활 리듬을 지킬 수 있는
것도 운명일까? 병동에서 일하며
이렇게 지내기란 불가능하니까.
수술실은 설날에도 쉬거든요. 이젠

책가방에 드레스를 쑤셔 넣고

수술실 일도 손에 익었고. ··· 일단
지금은, 평일은 열심히 일하고 주말은
어딘가로 외출해 재밌게 보내고.

주말이 되면 스즈노는 리오를 집으로 데려와 함께 지냈다. 이전과
다름없이 여기저기 데리고 나갔다. 리오를 데리고 나다니는 것에 대해
당연한 일을 당연하게 하고 싶을 뿐이라고 스즈노는 말한다.

입원 생활이 길었던 탓도 있을
거예요. 처음, 태어났을 때부터 살 수
있을까 없을까 했으니까. 그때마다
살아만 달라고 살아만 있어주라고. 세
번인가 그랬어요. 퇴원복 준비하라는
소리까지 들었어요. 그래서 살아만
있어주길 바랐는데, 이제 안정을 찾고
"살 수 있습니다" 하는 소릴 들으니까,
인간이라는 게 욕심이 생기잖아요.
퇴원하고 싶다, 퇴원하려면 어떻게
해야 하지. 수술밖에 없더라고요.
정말 오랫동안 병원에 있었으니까,
"수술했습니다. 퇴원입니다" 하니까,
이번에는 세상 여기저기 다 데리고
가고 싶더라고요. 공원에도 가고
싶다. 어디 갈까? 저스코(대형 할인
마트―옮긴이)에도 가고 싶어. 평범한

맨발로 도망치다

생활을, 지금까지 난 평범한 생활을,
너무도 당연하게 할 수 없었으니까요.
리오는 스스로 호흡할 수도 없고
기관절개가 안 되었는데 그걸 했고.
밥을 먹을 수 없어서 코로 음식을
넣었어요. 그래서 평범하게 집에서
잘 수가 없었어요. 집으로 돌아갈 수
없어요. 병원에서, 누군가에겐 당연한
것, 평범한 생활이라는 게 내겐 결코
평범하지가 않다는 걸 알았으니까.
오히려 그런 걸 해주고 싶어요.

당연한 일이 소중하니까, 해주고
싶다?

네. 보통 사람들에게 당연한 일들을
해주고 싶어요. 내가 당연하게
해왔으니까. 나도 겪어본 적이
없으니까 모르는, 몰랐었죠. 숨을 쉴
수 없다는 게 뭐지. 숨을 쉰다는 건
당연한 거 아닌가. 기관절개라는 것도
몰랐고. 인공호흡기에 의지해 살아가는
사람이 있다는 것도 당시엔 전혀
몰랐죠.

리오가 태어나면서 스즈노를 둘러싼 풍경은 완전히 바뀌었다. 자력으로
호흡할 수 없었던 리오는 기관절개를 하고 나서야 스스로 호흡할 수

책가방에 드레스를 쑤셔 넣고

있게 되었다. 계속 튜브로 영양을 공급받던 리오는 엄청난 노력 끝에 '꿀꺽' 음식물을 삼킬 수 있게 되었다. 불가능하다고 했던 일들을 리오는 하나하나 해냈다. 경이롭기 그지없었다.

장애가 있는 사람의 일상, 뇌성마비 아이의 생활, 병원에서 살아가는 사람들의 생활은 지금까지 한 번도 겪어보지 않은 것이었다. 스즈노는 리오 덕분에 많은 것을 알게 됐다고 말한다. 그리고 "리오가 없었다면 난 계속 바보로 살았을지도 몰라요"라며 웃는다.

◆

최근에 스즈노에게 남자친구가 생겼다. 캬바쿠라에서 일할 때 가게에 드나들던 손님이다.

이 남성은 스즈노가 학교나 직장 때문에 바쁠 것을 고려해 한동안 말없이 기다렸다고 한다. 스즈노가 간호사 2년차가 되자 조금 안정됐다고 생각했는지 드디어 데이트 신청을 했다.

그동안 남자는 믿을 수 없는 족속이라고 단정했는데, 이 사람과 함께 있다 보면 어느새 마음이 편안해져 놀랐다고 한다.

남자친구와는 대개 평일 밤에 만났다. 바다로 나가 파도 소리를 들으며 앉아 있다 온다고 했다.

> 밤바다요, 밤에 가서 그냥 멍하니 있어요. 파도 소리 들으면서 앉아 있어요. 온통 바다니까 여기저기로 바다 보러 가요. 내가 모르는 곳도 많이 알더라고요. 본토박이만 아는

맨발로 도망치다

곳이라든지. 그런 데는 길을 몰라 절대
혼자서 갈 수 없거든요.

아, 멍하니.

네, "늦었으니 그만 돌아갈까" 하고,
돌아와요.

뭔가 늘 기계 옆에서 아주 정밀하게
사람 몸을 들여다 보는 일을 하고
있으니까. 철썩철썩 소리를 듣고
있으면 좋겠다. 밤바다 파도 소리라.

네, 파도 소리도 좋고, 바람도 좋고,
별도 좋고. 별도 조금 알게 됐어요.

멋지다.

조금요. 북두칠성이라든지 오리온
자리. 그냥 둘이서 조금씩. 별을
조금 알게 되니까, 오리온 자리는
남쪽 하늘에 있으니까, 저쪽이겠지,
남쪽이니까…. 남쪽의 반대, 이쪽은
북쪽이네 하는 식이죠. 별을 조금씩
알게 됐어요.

스즈노는 열여섯 살에 엄마가 되어 리오를 안고 숨 막히게 달려왔다.
　태어났을 때에는 인공호흡기를 달고 튜브로 우유를 먹던 리오는
자력으로 호흡할 수 있게 되었고 밥을 삼키는 연습을 수도 없이 반복한
끝에 지금은 잘게 쪼갠 음식을 먹을 수 있게 됐다.
　스즈노는 그렇게 리오가 할 수 있는 일을 하나하나 늘려가면서

　　　　　　　책가방에 드레스를 쑤셔 넣고

가정폭력의 트라우마를 극복하고 고등학교로 돌아가 학교를 졸업하고 간호전문학교를 다녔다. 그사이에도 생활비를 벌기 위해 캬바쿠라에서 일했다. 학업과 육아, 경제활동을 병행하며 노력한 끝에 스즈노는 간호사가 되었고 이제 2년째이다. 그리고 리오만 보였던 시야가 조금씩 넓어져 남자친구와 함께 바다에서 별을 바라보는 호젓한 시간도 보낼 수 있게 됐다.

스즈노는 왜 이렇게까지 자신을 끝까지 몰아붙이며 살아야만 했을까.

스즈노는 폭행의 상처를 안고 시설에 들어갔고, 그 뒤로는 양육비도 위자료도 받지 못하고 혼자서 리오를 키워왔다. 기관절개를 한 리오를 장시간 맡길 수 있는 어린이집은 어디에도 없었다. 리오와 살던 11년 동안 스즈노와 스즈노의 어머니가 교대로 리오를 돌봤다.

주말에 시설에서 리오를 데리고 집으로 돌아갈 때 쓰는 자동차는 지금도 조그마한 경차이다. 스즈노는 항상 혼자서 휠체어를 밀고 리오를 안아 차에 태우고 다시 휠체어를 접어서 작은 차에 실었다.

스즈노는 옛날에는 아무것도 무섭지 않았는데 지금은 모든 게 무섭다고 말한다.

4년 만에 만난 날, 스즈노는 사가미하라에서 일어난 장애인 시설 살상 사건(2016년 7월 일본 가나가와현 사가미하라시에 위치한 지적장애인 복지시설에 전직 직원이 난입해 중증 장애인 19명을 살해하고 26명에게 중경상을 입힌 사건—옮긴이)을 차마 입에 담지도 못했다. 그저 괴롭다며 조용히 울었다.

스즈노가 당연한 일을 당연하게 해주고 싶다며 리오를 쇼핑센터나 바다에 데리고 다니는 것은 당연한 일을 당연하게 봐주지 않는 사회를 향한 투쟁이기도 했다.

리오가 태어나기 전까지 스즈노는 이런 아이가 세상에 있는지조차 알지 못했다고 말한다. 그래서 리오가 세상에 존재한다는 것을 사회에 분명하게 알려야겠다고 한다.

스즈노는 수술실에 근무하면서 신체에 대한 자세한 지식을 쌓고 나면 방문간호사가 되고 싶다고 한다. 병이 있거나 장애가 있어도 시설이 아닌 집에서 살고 싶어 하는 사람이 있다. 스즈노는 그런 사람들 곁에서 함께 삶을 꾸려가는 간호사가 되고 싶다고 한다.

오늘도 스즈노는 일이 끝나면 리오를 만나러 시설에 간다. 그리고 리오의 빨랫감을 들고 집으로 돌아온다.

밤 12시에 잠자리에 들고 아침 6시면 일어난다.

학교에 다닐 때 스즈노의 가방에는 드레스가 들어 있었다. 지금 스즈노의 가방에는 간호사 제복과 막 세탁한 리오의 옷이 들어 있다.

책가방에 드레스를 쑤셔 넣고

병원 대기실에서

아야와 둘이서 산부인과 대기실에 앉아 이름이 불리기를 기다렸다. 며칠 전 아야가 전화를 했다. 아야는 한참 머뭇거리다 말을 꺼냈다.

> 친구가 임신테스트 해본다고 해서,
> 테스트기가 하나 남길래 그냥 해본
> 건데, 친구는 아무 이상 없고, 아야가
> 빨간 선이 나온 거야. 알아? 빨갛다고
> 해야 하나, 분홍색 선?

알아.

> 낳을 수 없으니까, 지우려고. 그래서
> 미야구니 병원에 친구랑 같이 갔는데,
> 의사가 미성년자라서 수술이 안
> 된다면서, 누구 애냐, 에이즈일지도
> 모르니까 우리 병원에선 안 된다,
> 검사해봐야 된다, 말이 너무 많은

거야. … 어떻게 해야 될지 모르겠어.

병원, 같이 갈까?

괜찮아?

괜찮아. … 같이 가서 왜 안 되는지
확인해보자. 에이즈라면 어떻게 하면
좋은지 알려달라고 하고. 같이, 다시
가보자, 병원. 다른 병원도 좋고.

아야와 나는 현장 조사 인터뷰를 계기로 만났다.

　캬바조로 일하는 아야를 처음 만났을 때 아야는 열아홉 살이라고
했다. 그런데 얘기를 듣다 보니 미성년인데다 아이가 있는 싱글맘이었다.

　현란한 드레스를 입고 밤거리를 당당하게 활보하는 아야는 무척
어른스러웠다. 어려움이 있어도 누군가에게 도움을 청할 성격은 아니었다.

　그런 아야가 전화를 했다. 얼마나 괴로운 상황이었으면. 분명 그랬다.
임신중절수술을 거부당했다면 새로운 병원을 찾아 돌아다녀야 한다.
게다가 에이즈 운운하는 소리를 들었으니 더 불안하고 두려웠을 것이다.

너무하네, 그 의사. 여자?

여자. '바쿠사이'(인터넷 커뮤니티
사이트-옮긴이)에도 글이 올라왔어,
'진짜 최악'이라고. 부모가 아마
미야구니 병원장일 거야.

미야구니 병원은 '바쿠사이'라는 인터넷 커뮤니티에서도 소문이 자자한
병원이었고, 병원 이름과 똑같은 성을 쓰는 그 의사는 분명 '진짜

최악'이었다. 진료실에 들어간 아야와 나를 빤히 쳐다보면서 처음 만난 나에게 아야와 혈연관계인지 물었다. 혈연관계는 아니라고 하자 "본인 엄마한테는 말 못 해요?"라며 힐난하는 어조로 아야를 다그쳤다.

"말해도 돼요. 그런데 도와주거나 할 사람은 절대 아니어서. 같이 오지도 않을 거고."

말을 하고 난 뒤 아야는 입을 꾹 다물었다.

"누구 애예요?"

의사가 물었다.

"내 애."

아야는 한 치의 망설임도 없이 재빨리 대답하고는 또 입을 꾹 다물었다.

"첫 애 아빠는 누구예요?"

의사는 집요했다.

"누군지 몰라! 없어!"

아야가 소리쳤다.

의사가 과장되게 한숨을 지으며 "성병이 있을지도 모르니" 하고 말을 꺼내기에 "STD(성감염증), 에이즈 등 오늘 검사 받을게요. 여기, 병원 맞죠?"라고 나는 단숨에 잘라 말했다. 그랬더니 그때야 내 얼굴을 물끄러미 바라보며 "당신은 누구세요?"라고 물었다. 명함을 건네고 나도 입을 다물었다.

간호사가 들어와 초음파 검사가 필요하다며 아야를 불렀다.

명함을 책상에 두고 컴퓨터 앞에 앉은 채 의사가 "두 분은 어떤 관계예요?"라고 물었다. 밖으로 나가려는 아야에게 "얘기해도 되니?"라고 묻자, "괜찮아"라는 답이 돌아왔다. 아야가 커튼 뒤쪽으로 들어간 것을 확인하고 나서 말을 꺼냈다.

　　　　　　　　　　　병원 대기실에서

"이 병원에 강간 피해자도 오나요?"

"오는데요."

"저는 강간 피해자를 돕고 있어요."

의사를 쏘아보며 차갑게 대답했다.

임신을 했다는 사실은 삶의 문맥에 따라 다른 의미를 지닌다. 임신을 간절히 바라는 사람에게는 행복이자 축복이지만 원하지 않는 사람에게는 고통과 고뇌의 시작이기도 하다. 병원은 임신이라는 상황을 대할 때 아이를 낳을 수 있는 형편의 여성만을 당연시하고 낳을 수 없는 형편의 여성은 부정하려 한다.

의사는 아야가 대답하고 싶지 않은 질문만 골라 하며 아야의 임신을 문제 삼았다. 그리고 아야의 첫 아이 아버지와 지금 임신한 아이의 아버지가 다르다는 사실을 끈질기게 붙잡고 늘어지며 아야를 비난했다.

아야는 즉시 전투 자세를 취했다. 아야의 삶은 늘 이런 싸늘한 시선 속에서 인간으로서의 존엄성이 짓밟히는 순간의 연속이었기 때문이다.

당신이 알고 있는 세상이 전부는 아니라고, 의사의 얼굴을 한 대 세게 때려주고 싶었다. 하지만 한편으로 내 자신에게도 화가 났다. 아야의 일은 아야가 말해야 한다. 내 얼굴도 한 대 때려주고 싶다고 생각하며 딱딱한 의자에 앉아 아야를 기다렸다.

아야가 돌아온 뒤 수술 날짜를 정하고 방을 나오는데 진료실에 있던 간호사가 뒤쫓아 왔다. 간호사는 옆방으로 아야를 데리고 가더니 아야를 의자에 앉혔다. 그리고 수술 동의서를 꺼내보라고 했다. 이름을 기입하는 곳을 표시해주면서 동의서가 필요한 이유를 설명하고, 수첩에 달력을 그려가며 수술받는 날까지 몸을 잘 챙기라고 당부했다.

"무슨 일 해?"

"술집."

맨발로 도망치다

"그럼 일은 쉬는 게 좋은데."

"그럼, 쉬죠 뭐."

아야는 머뭇거리다 "만약 에이즈면 수술 못 해요?"라고 물었다.
간호사는 눈이 휘둥그레지며 "무슨 소리야, 얘는, 그럼 정말 큰일이지"
하며 아야의 무릎을 탁하고 쳤다. 이어 "그래도 수술은 할 수 있으니까
걱정 마!"라고 말했다. 그러고 나서 간호사는 나를 보며 "전신 마취를
해야 해서 수술할 때에는 보호자가 있는 편이 좋아요. 가능하다면 같이 와
주세요"라고 당부했다.

간호사가 나가자 아야는 "저분, 괜찮네"라고 말했다. "친절하네."
내가 맞장구치자 "좋은 분이야" 하고 아야가 중얼거리듯 말했다.

사람을 판단하거나 평가하는 아야의 눈은 대체로 정확하다. 간호사는
아야 옆에 있는 나에게는 아야의 수술에 관해 아무런 설명도 하지 않았다.
간호사는 수술을 받는 아야에게 직접 설명하며 아야의 기분, 아야의
불안을 살폈다. 당사자인 아야의 마음을 보듬어주려 했다.

가끔 이런 간호사를 만난다. 때로는 의사가 아무리 '진짜 최악'이라도
이런 간호사 덕분에 환자는 자신의 아픈 몸과 마주할 용기를 얻는다.

병원 대기실에는 천장 가까이에 텔레비전이 설치되어 있었다. 저녁
뉴스에선 알코올 의존증 여성을 특집으로 다루고 있었다. 치료 중인
여성이 술을 마시기 시작한 계기를 이야기했고 기자는 여성이 알코올
의존증에 더 쉽게 빠진다고 해설했다.

별 생각 없이 텔레비전을 보고 있는데 아야가 말을 꺼냈다.

아야, 저렇게 될 거 같지 않아?

응?

이렇게 술 마시다가, 나중에 알코올 중독될 것 같아. (웃음)

안 그래.

왜?

간이 튼튼하니까.

간? (웃음)

간. (웃음) … 그래도 혼자서 아이 키우면서 일도 하잖아. 아야, 정말 대단해. 아야 나이에. 다들 부모에게 투정부리며 고등학교 다니고 있을 때잖아? … 그러니까 스무 살 때까지 차츰 차츰 자리 잡아가면 돼.

흠, 그런가.

그렇다니까.

아야가 스무 살이 되려면 앞으로 3년이나 남았다. 새삼 놀랐다. 지금 충분히 열심히 살고 있다고, 좀 더 천천히 어른이 되어도 된다고, 이 말을 어떻게 전달하면 좋을까. 그런 한편으로 이것이 아야의 삶이며, 나는 아야가 짊어진 삶의 무게를 존중해야 한다는 생각도 들었다. 이런 생각을 하다 보면 아야에게 해줄 말이 더 이상 떠오르지 않았다.

그날 병원에 꽤 오래 있었다. 나도, 아마 아야도 무척이나 피곤했을 것이다.

아야가 말이 없기에 "대기 시간이 꽤 기네"라고 먼저 말을 걸었다.

맨발로 도망치다

그랬더니 아야가 "최장 기록이야. 오늘이 병원 왔을 때 제일 오래
기다린 날 같아"라고 했다. 이상해서 "어, 그럼 그때는 병원에서 어떻게
했어?"라고 물었다. "아, 그때는" 하고 아야가 말을 이었다.

> 아, 그때는 중환자실로 가서 기다릴
> 필요가 없었어.

'그때'는 둘 사이에서 언젠가부터 '그때'라고 불렸다.

✦

아야는 중학교 2학년 때 집단 강간을 당했다.

밤거리를 돌아다니던 아야와 남자친구는 순찰 중이던 경찰에게
이끌려 경찰서로 갔다. 아야는 혼자 경찰서를 몰래 빠져나와 길을 헤매다
미군기지 근처에서 남자 세 명에게 납치되어 강간당했다. 이튿날 저녁,
아야를 강간했던 남자들은 누군가를 불러내 아야를 데려가라고 시켰다.
아야는 그 남자의 차로 겨우 집 근처로 돌아올 수 있었다.

집으로 돌아온 아야는 곧장 친구를 만났고 친구는 아야의
남자친구를 불렀다. 남자친구가 아야를 병원에 데리고 갔다. 아야는
부모에게 이 사건을 숨기려 했지만 병원에서 연락을 했다.

그 뒤 지역 경찰이 학교에 연락해 아야와 아야의 부모를 불렀다.
하지만 경찰 조사를 두려워한 아야의 부모는 사건을 은폐하려 했다. 결국
그 일은 사건화되지 못했다.

강간에 가담한 남자들은 체포되지 않았고 아야는 아무런 보호
조치도 받지 못했다.

그때의 사건은 알고 있었지만, 병원 대기실에서 불쑥 물어봤을 때에야 비로소 그때 병원에 긴급 외래로 들어왔으며 그럴 만큼 아야의 몸 상태가 심각했다는 사실을 알게 됐다.

텔레비전을 보는 척했다. 위를 올려다보고 있으면 눈가에 맺힌 눈물이 흘러내리지 않을 테니까.

◆

아야를 처음 만났을 때 아야는 열일곱 살이었다.

진짜 나이를 숨기고 일하고 있었는데, 열아홉 살이라고 해도 대충 그 정도는 돼 보여 의심받지 않았다. 아야의 진짜 나이는 어디서고 비밀이었다. 주위에서도 아야 나이 얘기가 나오면 당연하다는 듯이 "걔 열아홉 살이죠"라고 했다.

처음으로 함께 밥을 먹던 날, 아야는 내게도 열아홉 살이라고 했다. 치킨 도리아를 주문했는데 내가 먹다가 흘리는 것을 보고 아야는 큰 소리로 웃어젖혔다. '아, 이 녀석, 양키(일본에서 불량 청소년을 이르는 속어—옮긴이)네'라고 생각하면서 나이를 물었다.

"몇 살?"

"열아홉."

"음, 그럼 몇 살부터 일하기 시작한 거야?"

"작년인가."

"아, 열여덟 살? 아사캬바(朝キャバ, 대체로 새벽 4시~낮 12시까지 영업하는 캬바쿠라—옮긴이)?"

그러자 아야는 화난 얼굴로 "아, 짜증나!"라며 말을 끊어버렸다. '오, 잽싼걸. 애 좀 봐라, 역시 진짜 양키네'라고 생각했다.

　　　　　　　맨발로 도망치다

사실 그날로 끝날 듯한 관계였는데 우치코시 씨가 다시 아야에게 연락해 인터뷰를 부탁했더니 순순히 하겠다고 해서 일주일 뒤에 다시 만나기로 했다.

그런데 약속 시간이 다 됐는데도 아야는 나타나지 않았다. 우치코시 씨가 전화를 걸었더니 아야는 이제 막 일어났다고 했다.

겨우 아야를 만났을 때에는 약속 시간이 한참 지난 뒤였고 날도 저물어 있었다. 우치코시 씨와 함께 약속 장소에 서 있는데 가게 앞까지 택시를 타고 온 아야가 느긋한 걸음으로 다가왔다. 우치코시 씨와 둘이서 "음, 진짜 센 언니네" 하며 쳐다보고 있는데 가까이 다가온 아야는 일어났더니 약속 시간이어서 쫄았다며 생글생글 웃었다. 그 모습을 보니 오랜 시간 기다렸는데도 불구하고, 이렇게 만날 수 있게 된 것만으로도 그저 감사하다며 껄껄 웃고 말았다.

손님이 없는 가게 구석 자리에서 아야를 인터뷰했다. 인터뷰 질문으로 캬바쿠라에서 하는 일, 중학교 생활, 이성 관계, 가족과의 관계 등을 준비했는데 그날 들은 이야기의 대부분은 일과 중학교 생활에 대한 것뿐이었다. 들을 이야기가 너무 많았다.

중학교 때부터 양키가 된 아야는 1학년 때부터 이미 성실하게 수업을 듣는 것 따위는 안중에도 없었다. 학교 근처에 있는 편의점과 학교 체육관 뒤편에서 친구와 함께 담배를 피우며 노닥거리는 게 아야의 주요 일과였다.

아야네 패거리는 교사가 나타나면 사방으로 흩어져 도망갔다. 아야는 자신을 붙잡아 선도하려는 젊은 경찰관에게 "딱 내 타입인데!" 하고 놀려 경찰관을 당황하게 만들기도 했다. 하도 자주 만나 친해진 경찰관이 담배를 빼앗아 쓰레기통에 던지면서 "다음엔 안 봐준다"라고 경고하고 돌아서면 아야는 쓰레기통을 뒤져 담배를 다시 꺼내 피웠다. 학교 주변은

병원 대기실에서

아야네 패거리가 자유롭게 활보할 수 있는 영역이었다.

아야네 패거리는 점점 나이 많은 남성과 접촉할 기회가 많아졌다.

중학생인 아야네 패거리는 나이 인증 때문에 담배 구입이 쉽지 않았다. 그래서 편의점 앞에서 서성대다가 나이가 들어 보이는 남성에게 담배를 사다 달라고 부탁하곤 했다. 그렇게 알게 된 남성들과 곧잘 술을 마시러 가기도 했다.

아야는 중학교 1학년 때 첫 경험을 했다. 담배를 사다 준 남성과 함께 술을 마시고 그 남성의 차 안에서 섹스를 했다. 피임도 하지 않았고 뭐가 뭔지 잘 몰랐다고 아야는 말한다. 미성년자의 음주와 흡연을 금지하는 법이 도리어 아야네 패거리가 성인 남성과 접촉할 거리를 만들어준 셈이었다.

그리고 '그때' 이후 이런 식으로 만나고 섹스하는 생활이 더욱 가속화됐다.

그 당시 아야는 중학교 2학년이었고, 사건 당일은 사귀던 연상의 남자친구와 차를 몰고 여행을 떠난 날이었다.

> 종종 편의점에 들러서 술을 샀는데, 아야가 화장실 갔을 때였어. 돌아와 보니, 남자친구가 경찰한테 잡혀서, 아, 정말 짜증이 나서, 아야는 모른 척하고 [편의점] 안에 있었는데, [창문을] 똑똑 하더니 "너도 따라와" 그러는거야.

경찰이?

> 응. "왜요?" 하고 갔더니 "너도 한

패지"라고. 아니라고 했는데 어디서
왔냐고, 술 마셨냐고 묻더라고. "안
마셨어!", "톳포(일본 과자—옮긴이)
먹고 있었다니까"라고 했더니 "지금은
먹지 마" 그러더라. 남자친구한테
경찰이 "너희 같이 있는 거 봤다"고
하니까, [남자친구는] "얘, 길에서
헌팅한 애예요. 누군지 몰라요. 이름도
모르고"라고. [이번엔 경찰이 나한테]
이름이 뭐냐고 물어서 "사야카"라고
[가명을] 대답하고. 그래도 어쨌든
일단 [경찰차에] 타라고. 뭐냐,
후, [음주측정기] 불고 나서, 엄청
마셨으니까 결국 들켜서 A 경찰서까지
가고.

아야와 남자친구는 자신들이 사는 동네가 아닌 다른 지역의 편의점에서
연행되었다. 아야는 가명을 대는 등 어떻게든 경찰의 질문을 피하려
했지만 경찰은 아야와 남자친구가 술에 취한 것을 확인하고 두 사람을
경찰서로 연행했다.

아야와 남자친구는 각각 다른 방에서 조사를 받았는데 그때 잠깐
화장실에 간 아야는 우연히 비상구가 열려 있는 것을 발견했다.

"오줌 마려우니까 화장실 좀"이라고
말하고 나왔어요. 진짜 화장실에 갈

생각이었는데, 비상구가 보여서,
비상구로 가서 밖으로 나왔어.
[경찰서] 뒤쪽, 후문 쪽. 뒤쪽 울타리
뛰어넘어서. 무사히 뛰어내렸는데,
근데 허리부터 떨어져서 엄청 아팠어.
그러고 나서 이제, 뒤쪽 길에서,
어디로 어떻게 가면 좋을지 몰라서….

A 경찰서 뒤쪽이면 주택가? 빌라
많이 있는 곳 아냐?

응, 뒷길, 그쪽 울타리 넘은 거.
그쪽으로, B 거리 쪽으로 걸어가면
될 테지 싶어서. 어쨌든 [중심]
도로로 나갔다가는 붙잡힐 테니까.
골목길로만 계속 곧장 앞으로만
걸어서.

경찰서 밖으로 나온 아야는 자신이 사는 B 거리를 향해 걷기 시작했다.
그때 남자 세 명이 도망 중인 아야를 차로 납치했다.

도망간 거구나.

도망가지 않았으면 좋았을 텐데,
결론적으로는.

왜?

도망가서, 결국 이상한 남자들
만나서, 그렇게. 당할 대로 당해서.

맨발로 도망치다

결국 집으로 돌아오긴 했지만. 어쨌든 다음 날에는. 그래서…

무슨 소리야 그게, 이상한 남자를 만났다는 게?

응, 그렇게 됐어. 정말로. 게다가 그때는 지갑도 휴대전화도 아무것도 없었고. 담배밖에 없었어. 여기[가슴 속]에 담배 넣었었거든. 라이터도, 여기[가슴 속] 들어 있었으니까. 아침에 [남자 집에서] 일어나서, "누구세요?" 묻고. 어떻게 된 건지. 어쨌든 집으로 간다고 해서, 돌아왔어. [친구가] "너, 어떻게 된 거야?"라고. "뭐, 그럴 일이 있었어" 그랬지. 그때 아야, 울고 있었던 것 같은데 [중략] 그때는 아마 뭐 거의 죽은 거나 마찬가지였는데… 좀 지나니까 완전히 나아서 그때부터 또 신나게 놀았어.

나았다는 건 정신적으로?

정신적으로도, 아픈 것도. 모두.
…정말 아팠으니까. 눈물이 났어. 너무 아파서….

강간, 당한 거야?

그런 거. 결국은.

몇 명한테?

흠.

그 남자들 잡았어?

없던 일이 된 거야?

끌려갔던 곳?

세 명.

"넌 어쩜 그렇게 아무렇지도 않을 수 있냐." 이런 말도 들었어.

이름도 모르고, 누군지도 모르고, 얼굴도 잘 기억 안 나고.

응. 왠지 그냥, 그러니까, 조사도 계속 받아야 하고 그런 게 짜증 나서. 그래서… 결국은 이렇게 끝내자는 건 아니었는데, 그게, T[지명]라든가, T의 집들, 이상한 집밖에 기억이 안 나.

응, 그러니까, 뭐가 뭔지 모르겠고. … 그래서 그냥 끝. 그 사람 휴대전화 벨소리가 에그자일[일본 남성 댄스 그룹—옮긴이] 노래인데, 그 노래. … 그게 너무 싫어서. "뭐 기억나는 거 있니?"라고 [병원] 선생님이 물었는데 "에그자일 노래가 나왔었어"라고, 그 말밖에 못 했어. 그걸로 끝이었어. … 그런 식. 인생 참 별나다, 그런 생각 들더라.

맨발로 도망치다

남자 세 명이 돌아가며 아야를 강간했다. 밤이 되자 그중 한 남자가 누군가를 불러 아야를 집까지 데려다주라고 지시했다. 아야를 집 근처까지 데려다 준 남성은 "내 마음이야, 밥 사 먹어"라면서 2000엔을 건넸고, 과자와 연락처를 아야에게 주었다. 하지만 아야는 돈도 과자도 거부했다. 그리고 라이터로 남성이 준 휴대전화 번호가 적힌 종이에 불을 붙여서 던져버렸다.

집까지 데려다준 거야?

> 그게 이상한 사람 불러서는 "얘 좀 데려다주고 와" 그러더라고. "누구야, 이 사람은?" 누군지는 모르겠지만. [불려 나온 남자는] "무슨 일이 있었는지 모르겠지만, 난"이라면서 "배고프니?"라고 묻더라. "괜찮아"라고 했더니, "그래"라고. "내 마음이니까, 2000엔 줄 테니 밥이라도 사 먹어"라더니 "뭐 사고 싶은 걸 사든지"라고. "싫어, 이런 돈 필요 없어!" 그랬지. … 그때 [휴대전화] 번호 받기는 했는데, 그랬는데, 그 번호, 바로 불태워 버렸어. 그래서 단서가 하나도 안 남았어.

그 뒤 아야는 곧장 친구들과 항상 모여서 놀던 곳으로 향했다. 어젯밤부터 아야가 행방불명된 걸 알고 친구들은 걱정하며 모여 있었다. 아야는

병원 대기실에서

울면서 무슨 일이 있었는지 친구들에게 이야기했다. 그리고 분명
안 받겠다고 했는데도 어쩐 일인지 손에 들려 있던 과자 보따리를
친구들에게 주었다고 한다.

남자친구에게는 "이제 만나지 말자", "헤어져"라고 친구를 통해
전화로 통보했는데 남자친구는 친구들과 모여 있는 곳으로 찾아와
자기네 집으로 아야를 데리고 갔다. 그러고 나서 아야는 남자친구와 함께
종합병원을 찾았다.

아야는 사건에 관해 가족 누구에게도 말하지 않았다. 하지만
병원에서 아야네 집으로 상담 안내 연락이 갔고 아야 부모님도 사건을
알게 됐다. 아버지는 신고하고 범인을 잡자고 했다. 하지만 어머니는
신고를 반대하며 "네가 경찰서에서 도망친 게 잘못이지"라며 아야를
비난했다.

아야는 경찰서를 빠져나온 건 "중학생이라서, 결국, 그
남자[남자친구]도 법 위반한 거고"라며 남자친구가 중학생과 함께 있었던
사실을 감추기 위해서였다고 말했다. 하지만 어머니가 말하는 것처럼
도망치지 않았다면 강간은 당하지 않았을 거라고, 아야 또한 그렇게
생각했다. 그래서 범인을 찾지 않았고 당연히 고소도 하지 않았다.

아야와 아야네 가족은 사건을 없었던 것처럼 덮으려 했다. 하지만
병원에서 연락을 하면서 학교와 경찰도 이 일을 인지하게 되었다.

아야네 가족은 학교와 경찰에 불려갔다.

그게 이젠 경찰이 다 알게 된 거야.

경찰은 어떻게 알게 됐는데?

몰라. 그때 부모님이 학교에 불려가고,
아야 부모님이. "납치당했다" 같은

　　　　　　　　　　맨발로 도망치다

말이 나왔던 것 같고, "B 동네
애라고 하는데, 맞죠?"라고. 엄마가
"아니에요"라고 답한 것 같기는 한데.
그런데 병원에도 갔었으니까, 그래서
아는 게 아닐까 싶기도 하고….

아야의 부모는 사건을 숨겼다. 아야네 가족은 병원, 경찰, 학교가
연결되어 있으니 이미 경찰과 학교가 사건을 파악하고 있다고 생각했다.
그래도 아야와 아야네 가족은 경찰과 학교에 사건에 관해 단 한 마디도
하지 않았다.

✦

이야기를 마친 뒤 아야는 "어차피 이렇게 된 거, 구질구질한 거
싫으니까"라는 말을 했다.
　　그리고 사건이 일어난 뒤에도 자신이 잘 지내고 있다는 것을 애써
증명하기 위해 무수한 남성과 섹스를 했다. "지금까지 몇 명이랑 했는지
기억도 안 나. 50명은 훨씬 넘었을걸. 나도 놀랐다니까." 아야가 말했다.
　　어머니는 그런 아야를 보며 "넌 그런 일을 당하고도 남자랑 놀고
싶니? 머리가 어떻게 된 거 아냐?" 하며 화를 냈다고 한다.
　　하지만 강간 피해자가 빈번한 성관계를 갖는 사례는 종종 있다.
이는 강간을 당한 것이 아무렇지 않아서가 결코 아니다. 그 당시 느꼈던
공포감을 몰아내고 내 몸을 내가 제어할 수 있다는 감각을 다시 되찾기
위해서다. 말하자면 그때와 똑같은 장면을 재현하면서 이번에야말로
그 공포를 뛰어넘으려 시도한다. 이를 통해 피해자는 자신은 무너지지

않았다고, 이전과 다름없이 살아가고 있다고, 몇 번이고 몇 번이고
확인하려 한다.●

　어머니가 비난했던 아야의 행동은 혼자 힘으로 자신을 회복하려
애써야 했던 아야에게 필요한 것이었다. 하지만 그때 아야에게 정말로
필요했던 것은 자신이 겪었던 공포를 이야기하고 자신이 지닌 힘을 되찾는
치유의 과정을 함께 해줄 사람들과 안전한 장소였을 것이다.

　아야는 그 뒤 남자친구와 헤어졌다. 아야가 신나 흡입에 빠진 건
그때부터. 헤어지면서 우리를 향해 "안녕" 하고 손 흔드는 아야의
손목에는 자해한 상흔이 여러 개 있었다.

　집으로 차를 몰고 가는 동안 약속 장소에 생글생글 웃으며 나타났던
아야의 모습이 자꾸 떠올라 몇 번이나 사고를 낼 뻔했다. 고속도로 임시
주차 구간에 차를 세우고 담배를 피웠다. 나는 집에 들어와 하염없이
울었다.

◆

임신중절수술 일정이 정해지고 아야와 몇 차례 연락을 주고받았다.

　임신 상대인 고지에게 수술 동의서 사인을 받았냐고 물었다.

　"아내가 출산한 병원이라 기분 나빠서 안 한대."

　아야는 아무렇지 않다는 듯 말했다.

　"인터넷 찾아봤더니 가명 써도 된대" 하고 알려줬더니 자기가 알아서
하겠다고 했다.

　"비용은 어떻게 해? 고지가
준비할 수 있대?"

　"자기 완전 빚쟁이라고, 우선은

●ジュディス·L·ハーマン, 『心的外傷と回
復』, みすず書房, 1996. [한국어판: 주디스
허먼, 『트라우마』, 열린책들, 2012]

　　　　　　　　　　　　맨발로 도망치다

나보고 내래. 나중에 조금씩 갚는대."

　이런 상황에서도 아야는 어떻게든 혼자 해결하려 한다.

　수술받는 날, 우린 병원에서 만나기로 했다. 아야는 늦지 않게 왔다.
그런데 얼굴은 빨갛게 달아올라 있고 걸음걸이도 배틀배틀 이상했다.
그렇게 쉬라고 일렀는데 어쩌면 어제도 가게에 나갔을지 모른다.
"괜찮니?"라고 묻자 "애한테서 장염이 옮았는지 이틀 전부터 계속 토하고
있어"라고 한다. 놀라서 이마를 만져봤더니 뜨끈뜨끈했다. 체온계로
쟀더니 39도였다.

　이런 몸으로 걸어 다니다니, 평소에는 도대체 얼마나 몸을 혹사시키고
있을까 싶었다. 아야 앞에서는 절대 보이지 않으려 했던 눈물이 쏟아지고
말았다. 울음을 터트린 게 부끄러워 아야에게 화를 냈다.

39도야, 39도! 이렇게 열이 나는데
어떻게 걸어온 거야.

　　　　　　　　　흠.

왜 이렇게 무리를 해. 집에서 쉬면 될
텐데.

　　　　　　　그게, 만나기로 약속했잖아.

그때야 친구들이나 직장 동료들이 아야를 좋아하는 진짜 이유를 알
것 같았다. 아야의 매력은 톡톡 튀는 경쾌한 말투, 예쁘장한 얼굴만이
아니다. 의리 있는 태도, 언뜻 뒤죽박죽이고 될 대로 되라는 듯이
행동하는 것처럼 보이지만 제 나름대로 성실하게 해내는 태도, 그런
태도가 사람을 잡아끄는 게 아닐까.

　아야는 간호사에게도 야단을 맞았다. 지난번에 수술 절차를 친절히

설명해줬던 간호사는 아야의 체온을 재보더니 "오늘은 수술할 수 없어. 감염될지도 모르니까! 수술할 때가 아니야, 지금. 얼른 집에 가서 누워"라고 야단치면서 아야를 진찰실로 데려갔다.

간호사와 함께 진찰실에서 나온 아야가 "에이즈 아니었어!"라고 내게 검사 결과를 알려줬다. 간호사는 "약국에서 약 타고. 수술은 1주일 뒤. 일단 몸부터 나아가지고 와"라고 아야를 또 야단쳤다.

나는 약국으로 아야를 데리고 가 약사에게 처방전을 건네면서 "얘가 알약을 잘 못 먹어서요. 가루약이나 시럽으로 주시면 안 될까요?"라고 부탁했다. 약사는 웃으면서 "알약 못 삼켜? 이런, 그럼 시럽으로 줄게요"라고 했다. "이렇게 말하면 되는구나." 옆에서 듣고 있던 아야가 중얼거렸다.

그날은 어른 여성들이 아야한테 구시렁구시렁 말이 많았다. 고열이 나서 얼굴이 빨개진 아야는 평소와 달리 순순히 말을 들었고 그런 아야의 얼굴은 정말로 귀여웠다.

아, 맞다. 이 아이는 아직, 열일곱 살이다. 새삼 아야의 앳된 나이가 사무쳤다.

✦

일주일 뒤에 아야는 수술을 받았다.

수술이 끝나고 회복실에 있는데 아야가 화장실에 가고 싶어 했다. 간호사를 부르려 했더니 "됐어, 됐어"라면서 혼자 침대에서 내려오려다가 결국 굴러떨어지고 말았다. "간호 선생님! 간호 선생님!" 내가 놀라 허둥대자 아야는 "괜찮아, 괜찮아" 하며 일어나 혼자 걸어가려 했다.

허겁지겁 달려온 간호사가 아직 마취에서 덜 깼다며 아야를

맨발로 도망치다

부축하고, 내가 링거를 잡아 화장실까지 셋이서 어기적어기적 걸어갔다.

화장실 밖에서 기다리면서 간호사는 가제를 꺼내는 방법은 나중에
알려준다고 했다. 아마 질 내에 지혈용 가제가 들어 있다는 말인 듯싶었다.

퇴원하고 무엇을 할지 아야의 하루를 그려봤다.

아야는 아무 일도 없었다는 듯 집으로 돌아갈 것이다. 아침 일찍
나왔으니 한숨 잠을 청하겠지. 밤이 되면 아야는 아무에게도 말하지 않고
자기 몸에서 가제를 꺼낼 것이다. 화장실에서, 혼자, 고개를 숙이고.

◆

그 뒤로도 아야에게 무슨 일이 있을 때마다 아야와 함께 병원에 갔던
날을 떠올린다. 늘 열심히 지내는 아야, 사실은 아직 어린 아야, 그러니 좀
더 천천히 어른이 되어도 된다고, 나는 아야에게 말해주고 싶었다. 바람
피할 곳 없는 밤거리를 혼자서 온 힘을 다해 걷는 아야에게 이렇게 일찍
어른이 되지 않아도 된다고 말해주고 싶었다.

가끔 아야는 그때 일을 무심히 툭 꺼내곤 한다. 그때의 일이 아야의
인생에서 어떤 의미인지 같은 이야기는 아니다. 그냥 몸이 아프거나 어떤
기억과 겹쳐질 때 아야는 불쑥 기억을 꺼낸다.

아파서 화장실도 갈 수 없었다고, 그중 한 남자 얼굴에 두드러기가
오돌토돌 나 있어서 얼굴이 지저분한 사람은 정말 싫다고, 노래방에서
에그자일 노래가 나오면 끄고 나와 버린다고, 강간범은 모두 죽여야
한다고 아야는 말한다. 그리고 아야는, 그때는, 아마, 거의 죽은 거나
다름없었지만 지금은 더 이상 상처받지 않는다고 말한다.

아야는 그때 그 사건을 직장에서 만나 친해진 동료에게도 사귀는

병원 대기실에서

남자친구에게도 말한 적이 없다.

그때 그 사건은 아직 아야의 인생에 끼워 맞춰지지 않는 기억이다. 그때 그 사건은 그저 단편적인 조각으로 그곳에 있다.

새 섬유유연제, 새 가족

유난히 좋아하는 인터뷰 기록이 있다.

오키나와에도 드디어 선선한 바람이 불기 시작한 가을 초입, 캬바쿠라에 출근하기 전인 교카를 만나 밥을 먹으면서 녹취록을 확인하고 부족한 부분을 마저 인터뷰한 날의 기록이다.

그날 교카의 출근 시간은 밤 11시였다. 우치코시 씨와 함께 교카를 인터뷰하면서 밥을 먹었고, 드라이브도 할 겸 교카를 집까지 데려다줬다.

차 안에서 교카는 오늘 입고 갈 드레스를 아직 빨지 못했다고 했다. "일단 탈수를 시키고 말려서… 마르겠지. 안 마르면 선풍기 앞에 둬야지!"라고 했다.

미군이 일으킨 충돌사고 때문에 길이 엄청 막혔다. 작은 차 안에 오래 앉아 있어서 그랬는지 교카는 허리가 아프다고 했다. 교카는 한밤중에 출근해 대체로 새벽 5시까지 일했다. 오늘도 밤부터 새벽까지 일을 해야 할 텐데 몸이 아프다니 걱정이었다.

겨우 집에 도착했다. 차에서 내리던 교카는 허리를 쭉 펴며 "아이고, 허리야!"라고 말했다. 그랬더니 조금 전까지 교카의 몸 상태를 걱정하던 우치코시 씨가 웃으면서 "어머 언니, 괜찮아요?"라며 교카를 놀렸다. 그러자 교카가 "애라고 놀리지 마!" 하고 버럭 화를 냈다. 우치코시 씨도 지지 않고 더 큰 소리로 "시끄러워!"라고 되받아쳤다. 차창 밖에서 들려오는 풀벌레 소리를 배경 삼아 호탕한 웃음소리가 퍼져가고 문이 닫히는 소리와 함께 기록은 끝난다.

그날의 기록이 좋다. 집에 들어가면 곧바로 드레스를 빨고 덜 마른 드레스를 입고 캬바쿠라로 출근해야 하는 막 열여덟 살이 된 교카. 밤의 어둠을 저 멀리 밀어내는 듯한 활기찬 목소리에는 교카의 강한 마음이 녹아 있다.

하늘은 높고 별은 쏟아질 듯 눈부셨다. 웃음소리가 어둠을 삼켜버릴 것만 같은 밤이었다.

✦

교카와 나는 교카가 열일곱 살이 되던 해에 인터뷰 조사를 위해 처음 만났다.

교카는 캬바조이다. 아버지, 오빠, 남동생 그리고 자기가 낳은 아이인 시온과 교카, 이렇게 다섯이 한집에 살고 있다. 교카네 집은 도시 외곽의 넓은 대지에 지어진 단독 주택이다. 얼핏 보면 교카네 형편은 군색하게 보이지 않는다. 하지만 교카의 아버지는 하루가 멀다 하고 술을 마셨고 음주 상태로 차를 몰다가 단속에 걸려 직장에서도 해고되고 말았다. 그 뒤 교카의 부모님은 이혼했고 어머니는 집을 나갔다.

교카는 중학교를 졸업하자마자 아이를 낳았다. 그리고 집 근처 술집에서 일하기 시작했다.

술집에서 일한 지 8개월쯤 되었을 때 교카는 일을 그만뒀다. 원래 미성년자가 10시 이후 심야업소에서 일하는 것은 불법인데다가 10시 이후에는 넓은 홀을 혼자 담당해야 했고, 일은 많이 하는데 돈은 적게 주었기 때문이라고 했다.

교카는 그 뒤로 아침 일찍 문을 열고 오후에 문을 닫는 아사캬바에서 캬바조로 일했다.

아사캬바에는 밤일을 마치고 술을 마시러 오는 동종업계 사람들과 술집을 전전하며 새벽까지 술을 마시는 만취한 손님이 많았다. 야쿠자도 종종 드나들었다.

교카는 처음 일을 시작한 캬바쿠라에서 몸을 만지려는 손님에게 큰 소리로 항의를 했다.

> 늘 말을 해야 해. "만지지 마!", "짜증
> 나"라고. "노 터치, 노! 노!" 하면서.
> "돈을 내!"라고 하면 "얼마?"라고,
> 손님이. "3만 엔 내!"라고. "뭐야!
> 너! 짜증 나!"라고 크게 소리를 질러.
> 그러면 다른 사람도 쳐다보니까.

[2012년 9월 13일]

교카는 폭력적인 손님을 다루는 솜씨가 뛰어났다. 이를 테면 문신을 보여주며 위협하는 손님에게는 "잉어 문신에 색이 안 칠해져 있네, 매직펜으로 칠해줄까?"라며 놀렸다. 가끔 손가락이 잘린 손님 옆에 앉을 때도 있었다. 야쿠자 세계에선 사죄나 문책의 의미로 손가락을 자르곤 했다. 그런 손님 앞에서도 일부러 자기 손가락을 까딱이며 "아, 손가락이 얼었어!"라고 호들갑을 떨었다. 일부러 무례한 행동을 해 손님의 관심을

새 섬유유연제, 새 가족

끌었고 분위기를 부드럽게 만들었다.

　　교카를 처음 만났을 때에는 교카가 아사캬바에서 심야 캬바쿠라로 가게를 옮긴 직후였다. 교카는 마음이 내키면 손님과 '놀러' 가기도 한다고 했다.

　　'놀러 간다'는 말은 손님과 섹스를 하는 것을 의미한다. 교카는 손님과는 서로 부담 없는, 가벼운 관계라고 했다. 자신은 누구와도 지속적인 연애를 할 마음이 없다고 했다.

지금 사귀는 사람은 있어?

　　　　　　　　　　　　　　　없어.

사귀고 싶지 않아?

　　　　　　　　　　　　　　　필요 없어.

왜?

　　　　　　　　　　　　　　　귀찮아. (웃음) 귀찮아….

캬바쿠라에서 [손님과] '놀러 가는'
정도가 좋아?

　　　　　　　　　　　　　　　부담 없는 관계가 좋잖아. 둘 다 마음
　　　　　　　　　　　　　　　내킬 때 놀고 그걸로 끝인 관계.

　　　　　　　　　　　　[2012년 9월 13일]

교카의 말을 듣고 조금 특이하다고 느꼈다. 그도 그럴 것이 캬바조 가운데에는 손님 중에서 결혼 상대를 찾는 싱글맘이 제법 있기 때문이다.

　　캬바조로 일하는 싱글맘은 혼자 감당해야 하는 양육 부담 때문에 비슷한 직종 중에서도 그나마 돈벌이가 괜찮은 캬바쿠라를 선택하는 경우가 많다. 캬바쿠라의 시급은 대체로 2000엔이지만, 교통비, 화장과

머리손질 등의 비용을 제하고 나면 하루 일당은 1만 엔 정도밖에 안 된다. 게다가 심야부터 새벽까지 계속 술을 마셔야 해서 체력적으로도 힘들고 장기간 일하기도 쉽지 않다. 그래서 아이가 있는 캬바조 대부분은 당장은 아이를 키우기 위해 이 일을 하지만 종국에는 일을 그만두기 위해 가까운 곳에서 결혼 상대를 찾는다.

결혼 상대를 찾는 캬바조는 휴대전화 대기화면을 아이 사진으로 해두거나 손님에게도 공개하는 SNS에 아이와 함께 외출한 사진이나 아이의 도시락 사진 등을 올리며 자신이 아이가 있다는 사실을 넌지시 알린다. 그리고 손님 가운데에서 사적으로 친해질 수 있는 남성을 찾으려 한다.

교카 또한 싱글맘이지만 교카는 "남자는 이제 귀찮아. 배신하니까", "싱글맘으로 살기로 정했어", "그러니까, 결혼 안 하고, 그냥 함께 있는 거. 왜 「비혼동맹」 있잖아? 텔레비전에서 그거 보고 나서 세뇌당했어"라고 말했다.

교카가 말한 「비혼동맹」은 2009년에 방영된 텔레비전 드라마로 스스로 '비혼'을 선택하고 주인공 여성들이 서로 도와 생활하는 내용이다. 남성은 배신하니까 결혼은 하지 않겠다고 말하는 아직 열일곱 살 교카의 어조는 다부졌지만 왠지 안간힘을 쓰고 있는 듯한 인상을 받았다. 하지만 굳건한 신념 비슷한 비장함도 느껴졌다. 어째서 어린 나이에 '남자는 배신한다'는 확신을 갖게 됐는지 궁금했다.

◆

교카는 열다섯 살 때 혼자서 아이를 낳았다.

임신을 한 건 중학교 3학년 때였다. 사귀었던 남자친구와의 사이에서 생긴 아이였다. 남자친구와 헤어지고 임신 5개월째에 들어섰을 즈음에야 교카는 임신 사실을 알았다.

교카는 곧바로 어머니에게 임신 사실을 알렸다. 그러고 나서 어머니와 함께 전 남자친구네 집을 찾았다. 임신 사실을 들은 전 남자친구의 어머니는 매우 놀란 표정을 지었다고 한다.

> 전 남자친구의 부모가 [교카의 나이를] 몰랐으니까, 중3이라는 걸 그때 알았으니까. 그 엄마, "아니, 뭐가 어떻게 된 건지 모르겠다"며 패닉 상태가 된 거야, 이제. "이미 헤어졌고, 중3이고, 학교도 안 나가는데"라더라. '뭐라고?' 그런 기분이 들어서 [중략] 엄마, 왠지… 기가 막혀 했어, 그 남자 엄마.

그러고 나서 어떻게 했어?

> [전 남자친구의 엄마가] "어떻게 된 일인지 모르겠으니 나중에 얘기하자"고 해서.

나중에 전 남자친구의 어머니는 아들이 교카가 임신한 아이가 자기 아이인지 아닌지 알 수 없다고 말했다면서 친자 확인도, 양육비 지급도 거부했다. 교카의 어머니에게는 "서로 자기 자식을 믿자"라고 말했다고 한다. 그 말인즉슨 태어날 아이나 교카에게 아무것도 해줄 수 없다는 뜻이었다.

맨발로 도망치다

교카의 아버지는 버럭 화를 내며 유전자 검사를 해서 양육 의무를 확실히 하자고 했지만 옥신각신 다투는 게 싫었던 교카의 어머니는 반대했다.

그리고 교카와 어머니는 병원을 찾아 임신중절수술이 가능한지 상담을 했다.

지우겠다고 얘기했어?

그게, 어떻게 하고 싶냐고 물어서, 고민 중이라고 했더니, "지우려면 벌써 임신 몇 주째니 돈도 많이 들고, 위험해서 어쩌고저쩌고". [교카는] "어떻게 해야 된다는 거야!", "몰라!" 그러고.

그게, 의사랑 나눈 대화?

응.

"몰라!"라고 말했구나.

모르겠다니까? 무슨 말 하는지도 모르겠고. 무슨 뜻인지도 모르겠고. 그게 "우리는 [임신 중기의 중절수술은] 하지 않아서"라는 말인 거지. "그러니까 다른 병원 찾아보는 게 좋을 텐데. 아마, 그런데, 어리니까"라고. '어려서 다른 데서도 어려울 거야'라고 말하는 거 같은. 이런 말 듣다 보니 뭐가 뭔지 모르겠는 거야. 뭐, 그래서 엄마한테 "낳으라고 하는

새 섬유유연제, 새 가족

거야?"라고 물었더니 "그건 네가
결정해야지!"라고 해서, "몰라!"라고
말하고, 그러고는 그냥 사람들 앞에서
사라져버렸어. 놀러 가서… 어떻게
하나, 생각했지.

[2012년 9월 13일]

의사는 임신 중기 중절수술이어서 이 병원에서는 수술을 할 수 없다고,
나이가 너무 어려서 다른 병원에서도 수술을 해줄지 어떨지 모르겠다고
교카에게 말했다. 그렇게 병원에서 상담하는 동안, 어떻게 해야 좋을지
도무지 모르겠는 교카는 자취를 감추고 만다.

그때 교카는 아직 중학생이었다. 임신, 아이 아버지인 전 남자친구의
부인, 중절수술을 받기 어렵다는 사실 등이 교카를 한꺼번에 옥죄어왔다.
교카는 그 어느 하나도 받아들일 수가 없어 모습을 감췄다. 그러면서
임신중절수술을 받을 수 있는 시기를 놓치고 만다.

6개월 뒤 교카는 혼자서 아이를 낳았다.

아이를 낳고 교카는 아이의 아버지인 전 남자친구에게 무사히 아이를
낳았다고 문자를 보냈다. 하지만 아무런 답장도 오지 않았다.

얼마 전까지 사귀던 남자친구에게서, 남자친구의 어머니 입을 통해
"내 아이가 아니다"라는 말을 전해 들어야 했던 교카의 마음은 어땠을까.
얼마나 괴로웠을까. 혼자서 아이를 낳고 아이가 태어났다고 알렸는데도
무시당하는 상황을 어떻게 감내했을까. 어른들과 대화하면서 교카가
몇 번이고 "몰라!"라고 소리친 것은 이 상황을 받아들이기 힘들다는,
받아들일 수 없다는 항변이었을지도 모른다. 하지만 어른들은 이 상황을
받아들이라고 교카를 몰아세웠고 결국 교카는 모습을 감췄다. 그리고

맨발로 도망치다

교카는 혼자서 아이를 낳고, 엄마가 되었다.

한없이 맑고 하얀 얼굴에 유난히 크고 예쁜 눈의 교카와 시온은 종종 자매라고 오해받는다. 교카의 어머니는 시온이 "그놈을 안 닮아서 다행이다"라고 말한다. 교카 또한 "그 놈 닮았으면 지긋지긋했을 텐데. 나쁜 놈"이라고 맞장구치며 그 남자를 비난하기도 한다.

교카는 그런 식으로 전 남자친구를 비난했지만 사실은 오히려 교카가 그 남자에게서 도망치고 있었다.

> 아이 낳고 1년 후였나. 길에서 봤는데 도망쳤어. …왠지 모르겠는데 마주치고 싶지 않아서.

그 남자, 몇 살이야?

> 지금 스물세 살인가, 스물넷.

[2012년 9월 13일]

오래도록 만나지 않았던 전 남자친구의 현재 나이를 바로 대답하는 교카에게 "그런 취급 받는 거 괴롭지 않았어?"라고 물었다면 분명 "전혀, 절대 아니야" 하고 화를 냈을 것이다.

책임을 떠안으면서 홀로 엄마가 된 교카의 기분을 그때 누군가 들어준 사람이 있기는 했을까. 나는 교카에게 묻는 대신 교카의 말을 곱씹었다.

◆

교카를 만난 지 얼마 안 있어 교카가 임신 중이라는 걸 알았다. 그 무렵 자주 만나던 손님과 가끔 데이트를 했고 몇 번 섹스도 했다. 그 남자는

새 섬유유연제, 새 가족

피임을 하지 않았고 교카는 임신을 하고 말았다.

교카는 망설임 없이 임신중절을 결심했다. 혼자서 시온을 키워야 했고, 집에는 돈 버는 사람이 아무도 없었다. 아무리 생각해도 아이를 낳을 형편이 못됐다.

수술을 하려면 하루라도 빨리 하는 편이 좋다고 생각했지만 돈이 없었다. 병원에 갈 돈도 수술을 받을 돈도 없었다. 시온이 다니는 어린이집 비용과 생활비를 생각하면 평소처럼 계속 일을 하면서 돈을 모으는 수밖에 방법이 없었다.

교카는 임신 사실을 가게 웨이터와 동료에게 알렸다. 중절수술 때문에 돈을 모아야 한다고도 일러두었다. 웨이터는 술버릇이 나쁜 손님이 교카 옆에 앉지 못하게 배려해주었고 교카가 술을 마시지 않고 일할 수 있게 손써주었다.

교카는 돈을 모아 한 달 후에 수술을 받았다.

열이 날 수 있으니 수술 후 일주일 동안은 술을 마시지 않는 게 좋다고 했다. 하지만 임신 중에 자신을 도와주었던 친한 웨이터의 부탁으로 술은 마시지 않는 조건으로 수술 3일 만에 가게에 나갔다.

하지만 그날따라 캬바조에게 독한 술을 마시게 해 취하게 만들길 좋아하는 손님이 가게에 왔다. 상대하던 캬바조들이 버티지 못하고 취해 쓰러졌다.

웨이터는 술이 센 교카에게 "피 멎었어?"라고 수술 후 출혈이 있는지 물었다. 교카가 "멎었어"라고 대답하자 곧바로 손님을 상대하게 했다.

손님이 권하는 독한 술을 마시자마자 교카는 바로 하혈을 했다.

하지만 교카는 자리를 뜨지 않았다. 웨이터에게 "생리대 가져와! 뛰어가서 사 와!"라고 소리쳤다. 웨이터가 사 온 생리대로 대충 처치를 하고 자리로 돌아가 이번에는 그 손님을 술에 취해 쓰러지게 만들었다.

맨발로 도망치다

교카는 부정출혈은 계속 있지만 그래도 건강하게 지낸다고, 일도 열심히 하고 있다고 야무지게 말했다. 힘든 상황을 이겨내려는 강한 의지가 애처로웠다.

하지만 수술을 한 지 한 달 후쯤에 한 인터뷰에서 교카는 수술을 받고부터 지금까지 자주 울었다고 털어놓았다.

지난달이랑 이번 달 합하면, 아마 이번 달 합해서, 이번 달은 두 번 정도 울었어. 지난달은 정말 많이 울었어. 그런데 그거야. 교카, 울고 있을 때 누가 친절하게 대해주는 거 정말 짜증 나거든. 쓰다듬어주거나 안아주는 거 정말 싫거든.

어떻게 해주면 좋겠어?

그냥 내버려두면 좋겠어.

음. 응석을 부려본 적이 없구나?

"괜찮아?"라고 물으면 더 울게 되니까 싫은 거야. "저리 가"라고 소리치고.

흠.

나 좀 내버려둬, 이런 거지.

방에 들어앉아 우는?

응. 만약에 술 마시고 있을 때면. 이런 상태에서, 자리에서. … 울면서, "뭐야, 덴모크[노래방 선곡 기기] 쥐봐"

그러고. 그래서 노래 부르고, 그러면
울음이 그치고. [이런 게] 패턴이 됐나
봐.

[2012년 11월 12일]

왜 그런 식으로 울게 되는지 물어봤지만 교카는 대답하지 않았다. 그냥
그렇게 우는 일이 많고 그래서 요즘에는 친구인 미나미가 걱정하며
전화를 한다고 했다.

요즘 [미나미가] "괜찮아?"라고
자꾸 전화해. "우울증 그런 거 아냐?
괜찮아?"라고. "괜찮지 그럼", "나
불사신이라니까!" 그래.

불사신. 하하하. 그러네.

그게 그러니까, 미나미가 말하는 건,
교카가 술 마시고 전화한다고, 울면서
전화한다고, 아무 이유 없이. 그래서
그러는 거야. "뭐가 하고 싶은데?",
"[자신이 뭘 원하는지] 모르니까 그런
거야"라고. 계속 똑같은 말만 한다고.

[2012년 11월 12일]

교카는 평소에 자신의 감정을 다른 사람에게 잘 말하지 않았다.
　　교카는 임신중절수술을 한 뒤에도 임신을 하게 만든 상대 남성과
만났다. 울고 있는 교카에게 그 남성은 "내가 나이도 어린 여자애 마음에

상처를 줬나 보네" 따위의 말을 했다. 교카는 그 말이 역겨워 그 뒤로는 만나지 않는다고 했다.

교카는 헤어졌다는 말 역시 하지 않았다.

◆

임신중절수술 후 교카는 새로 문을 연 캬바쿠라에서 오프닝 스태프로 일하기 시작했다. 이 가게는 야쿠자가 드나들지 않았고 고객층도 안정적이었다. 많은 부분을 캬바조의 재량에 맡기기 때문에 일하기 편하다고 했다. 일하는 여성의 연령층도 폭넓었다. 가장 나이가 많은 여성은 서른한 살이고, 스무 살(사실은 열여덟 살)인 교카가 가장 어렸다. 교카는 다들 자기를 예뻐해줘서 일이 즐겁다고 했다.

분명 교카는 그 가게에서 잘 지내는 것처럼 보였다.

임신 중인 미나미가 남편이 바람까지 피워 괴로워할 때 교카는 점장에게 부탁해 술을 마시게 하지 않는다는 조건으로 미나미가 가게에서 아르바이트를 할 수 있게 해줬다. 미나미는 밤새 교카와 함께 손님을 접대하면서 보내다 일당을 받고 조금은 기운을 차려 돌아가곤 했다.

그해 연말, 가게가 지저분하다는 지적이 직원들 사이에서 나왔다. 가게가 쉬는 날 저녁에 모두 모여 청소를 하자고 의견이 모아졌는데 막상 저녁이 되자 교카와 신입 캬바조 딱 두 사람만 나왔다. 아무리 기다려도 아무도 오지 않았다.

화가 난 두 사람은 "둘이서 깨끗하게 치워서 본때를 보여주자"며 결의에 차서 가게 안의 의자를 전부 밖으로 빼내고 화장실, 부엌, 거실 등을 차례차례 청소했다.

청소가 다 끝나고 밤 9시쯤 둘은 가게에서 가장 비싼 술을 꺼내서 마시기 시작했다. 사장의 허락 따위는 건너뛰었다. 가끔씩 가게가 문을 열었나 싶어 들어오는 손님이 있었지만 "오늘 영업 안 해요!"라고 외치고는 다음 날 아침 10시까지 술을 마셨다.

교카는 그 가게에 1년 넘게 있었고 마지막에는 가게 최고참이 되었다.

그리고 열아홉 살 교카에게 교카가 공식적으로 인정한 남자친구가 생겼다.

◆

교카가 열아홉 살이 됐을 때 가게에 자주 드나들던 손님 중에 솜씨 좋은 타투이스트가 있었다.

타투이스트인 루이는 외국에서 태어났다. 어릴 적에는 도쿄에서 살았다고 한다. 중학교 때에는 친구와 나쁜 짓을 일삼았고 소년원을 제집 드나들 듯했다.

출소하자마자 곧바로 건설업체에 들어갔다. 운동신경이 뛰어나고 높은 곳도 아무렇지 않게 돌아다니는 루이는 건설 현장에서 인기가 많았다.

어느 날, 루이가 몰던 오토바이가 트럭에 부딪치는 교통사고가 났다. 그 사고로 뒤에 타고 있던 선배가 사망하고 말았다. 루이는 일주일 동안 의식불명 상태였다. 의식이 돌아온 뒤에는 신체적 고통과의 싸움이 시작됐다. 루이의 몸 상태가 좋지 않아 가족도 병원 관계자도 루이에게 선배가 사망했다고 전하지 않았다.

하지만 보상금 문제로 병원을 찾은 트럭 운전기사가 선배가 사망했다는 말을 루이에게 하고 만다. 병문안을 온 선배의 여동생이 침울해하는 루이에게 사고는 루이 때문이 아니라고 누구도 루이를 원망하지 않는다고 위로했다. 루이가 일하던 회사의 사장도 찾아와 얼른

맨발로 도망치다

나아서 현장에 다시 돌아오라고 격려했다. 루이는 재활을 시작했고 다시 걸을 수 있게 되었다.

하지만 8개월 후 퇴원하고 건설 현장으로 돌아간 루이는 자신이 두 번 다시 현장에 있을 수 없다는 사실을 깨달았다. 한쪽 발의 근육 전체가 약해져 높이 설치된 비계에선 균형을 제대로 잡을 수 없었다. 루이는 건설 현장 일을 그만두었다.

한동안 루이는 집에 틀어박혀 지냈다. 아무 할 일이 없었다. 그때부터 매일 자신의 몸에 문신을 새기기 시작했다. 몸을 마음대로 가눌 수 없고 만성적인 통증에 시달렸던 그는 자신의 왼팔과 근육이 상하지 않은 왼발에 그냥 무심히 문신을 새겼다.

병문안을 온 친구는 루이가 한 문신을 보고 자기도 해달라고 부탁했다. 도안을 그리는 일도 장시간 새기는 일도 하나 힘들지 않았다. 루이는 알음알음 찾아온 사람들에게 문신을 해주며 솜씨를 익혔고 이를 업으로 삼기로 마음먹고 홀로 도쿄를 떠났다. 도쿄에 있으면 친구들과의 관계를 끊을 수 없고 이런저런 문제에 휘말릴 게 불 보듯 뻔했기 때문이다. 가능한 한 멀리 떠나 아무도 모르는 곳에서 처음부터 시작하고 싶었다.

루이는 따뜻한 오키나와로 향했다. 낮에는 비디오 가게에서 일하고 밤에는 입소문을 듣고 찾아온 손님에게 문신을 해주면서 돈을 모았다. 오키나와에 온 지 1년 가까이 됐을 무렵 루이는 타투숍을 열었다.

루이가 새긴 문신은 아름답다. 번짐이 없이 또렷하다. 색 배합도 탁월하다. 살빛과 어우러진 쪽빛은 유난히 선명해 한층 눈길을 끈다.

오키나와의 타투숍은 솜씨가 별로여도 아무 도안이나 상관없으니 빨리 해달라고 아우성치는 젊은 해병대원으로 들끓었다. 군부대 안에서는 폭력과 따돌림이 빈번히 일어나고, 그래서 나이 어린 해병대원은 조금이라도 세 보이려 급하게 문신을 새겨 넣는 것이다. 미군기지 가까이에

새 섬유유연제, 새 가족

위치한 타투숍이 인터넷이나 화집에 있는 도안을 그대로 본떠 속도에만
승부를 거는 편이라면, 루이는 개성 있는 독특한 그림을 그려 하나의
작품으로 완성해냈다. 루이가 운영하는 타투숍은 오키나와에서는 보기
드문 존재였다.

　교카는 자신이 일하는 캬바쿠라에 드나들던 루이의 몸에 새겨진
문신을 보고 자신도 문신이 하고 싶어졌다. 교카의 어깨에는 혼자서
장난삼아 새긴 친구 이름이 있었다. 교카는 이 흔적을 감출 수 있는 문신을
그려 넣고 싶었다.

교카의 문신이 완성되기까지는 두 달이 걸렸다.

　교카는 페이스북에 문신이 새겨지는 과정을 공개했다. 나는 이
과정을 보면서 "꺄!", "제발 등에만 해. 부탁이야", "그럼 50퍼센트만 해",
"그것도 안 되면 70퍼센트", "어쨌든 온몸에 다 하지는 마"라고 호들갑을
떨며 참견했지만 교카는 "미안, 미안", "근데 아기 호랑이가 외로운가 봐",
"모란 문양 예쁘지"라며 문신으로 새긴 아기 호랑이가 외로워한다는 둥,
정말 예쁜 도안이 있다는 둥 이런저런 이유를 대가며 결국 등부터 어깨, 팔
전체에 빈틈없이 문신을 했다.

　문신이 완성되고 얼마 지나지 않아 교카는 페이스북에 루이가 보낸
러브레터를 올렸다. "내 여자친구가 되어주세요. 안 그러면 울어버릴
거예요."

　나는 루이가 우는 모습을 보고 싶었지만 교카는 그렇지 않았나 보다.
둘은 태풍이 부는 날 사귀기 시작했고 그 뒤로 함께 살았다.

　교카는 그날을 계기로 캬바쿠라를 그만뒀다.

반년이 지나고 교카는 임신을 했다.

아이는 시온으로 충분하다고 말했던 교카. 아이를 가진 건 루이와 사귄다는 사실을 인정받기 위해서였다고 한다. "애가 생기면 아무도 뭐라 못하겠지"라고 생각했단다.

교카와 루이는 시온을 데리고 여기저기 나들이를 갔다. 평소에는 외가에서 지내던 시온도 주말이면 종종 루이네 집으로 와 머물곤 했는데 얼마 안 가 세 사람은 함께 살게 되었다.

교카의 배 속 아기는 쑥쑥 잘 자랐다. 딸이란 사실을 안 루이는 타투숍에도 아기침대를 설치해놓고는 돈이 많이 필요해질 거라며 밤늦게까지 쉬지 않고 일했다.

임신 막달이 됐을 무렵, 나는 루이네 집에 놀러 갔다. 친구들이 보내준 아기 옷과 아기 용품이 한가득 쌓여 있었다. 교카는 옷과 아기 용품을 한 번씩 더 빨고 씻어서 정리하고 부엌과 욕실도 깨끗하게 청소해놓았다.

루이가 사 온 맥주를 마시려고 냉장고를 열었더니 냉장고 안은 밀폐용기가 차곡차곡 반듯하게 정리되어 있었다. "이거 교카가?" 파를 작게 썰어 담아놓은 용기를 꺼내며 물었다. 교카는 "쓸 때마다 일일이 자르려면 귀찮잖아"라며 웃었다.

냉장고 안을 보니 하루하루 평온하고 안정된 일상이 그려졌다. 이제야 비로소 교카는 안심하고 지낼 수 있는 장소를 찾았고 그 장소를 알뜰살뜰 정성껏 보살피고 있었다. 마음을 놓아도 되겠다 싶었다.

이번에는 혼자서 아기를 낳지 않아도 되겠지. 열다섯 살에 아무도 돌봐주는 사람 없이 홀로 아이를 낳고 오랫동안 "남자는 사기꾼"이라고 말해왔던 교카가 드디어 누군가와 함께 살아갈 포근한 보금자리를

새 섬유유연제, 새 가족

만들어냈다. 왠지 흐뭇했다.

　　그날은 종일 기분이 좋았다. 자려고 누웠는데 깔끔하게 정리된 냉장고가 떠올랐다. '아, 오늘은 참 아름다운 광경을 봤구나' 하는 생각에 마음이 벅찼다. 더할 나위 없이 행복했다.

◆

출산 예정일을 2주 정도 앞둔 날 밤이었다. 교카에게서 문자가 왔다. 촉진제를 맞고 조금 일찍 유도분만을 하기로 했다고 한다.

> 일단 보고함.^^ 아직 사람들에게 얘기 안 했으니까, 비밀이야! ○월 ○일 유도분만 하기로 했어! 아마도 그날, 늦어도 다음 날에는 낳을 거 같아. 잘 자.

몸 상태 때문에 일찍 낳기로 한 거야? 루이, 잘할까? 엄청 허둥댈 거 같은데.^^ 출산 준비는 전부 OK?

> 부종도 있고 단백뇨, 혈압 다 안 좋아서. 이런 상태로는 임신중독증인가 그렇다고, 그 전에 낳자고.^^ 루이는 아침 일찍 나 데려다주고 낮에 일하고 다시 온다고! 지금은 그렇게 말하는데 닥치면 어떻게 될지. 준비는 전부 해놨지ㅋㅋ.^^

임신중독증! 큰일이네. 정말 힘들겠다.

　　　　　　　　　　　　맨발로 도망치다

그래도 일찍 출산하는 게 회복도
빠르다니까 그게 좋겠다.
루이! 여유만만이네.

> 뭐, 갑자기 진통하는 것보다야 병원에서
> 진통하는 게 낫지. 루이는 여유 있는
> 척.^^ 일단 그날 손풍 낳을 테니까.^^
> 그럼!

기다릴게! 파이팅!!

교카의 출산 예정일에는 나도 하루 종일 초조했다. 시온 때에는 눈 깜짝할
사이에 낳았다고 했으니 이번에도 무사히 출산을 마쳤겠지. 지금쯤이면
병실에서 쉬고 있을 것 같아 밤 10시쯤 교카에게 문자를 보냈다.

괜찮아?

> 응. 8시부터 진통이 약하게 시작됐는데
> 아직 나올 기미는 없네.^^

이런, 힘들겠다.

> 아직 4센티밖에 안 열렸대.^^
> 아까까지 완전 멘탈 붕괴 상태. 겨우
> 진정하고 나니까 진통 시작!

4센티! 진행 속도가 느리네.
멘탈 붕괴?^^ 무슨 소리야.

> 루이가 오지를 않는 거야, 오늘.^^
> 연락도 안 되고, 친구한테 찾아봐
> 달라고 했더니, 경찰서에 있다는

새 섬유유연제, 새 가족

거야.^^

뭐? 왜? 경찰서에는.

어제 연행된 거 같아.^^

연행! 무슨 소리야.

문신 때문인가? 미성년자한테 문신을
해줬는지 어쨌는지, 확실히는 몰라.
D 경찰서에 연락했는데 전화로는
말하기 곤란하다느니 어쩌느니.

세상에, 교카, 놀랐겠다. 출산 전인데
정말 큰일이네. 내가 경찰서에 갔다
올까? 아직 경찰서? 어쨌든 교카는
잠은 잤어, 어제?

어제 잤지! 4시 다 돼서. [그때도]
루이가 안 들어와서. 그 덕분에 오늘
9시 병원인데 늦었어.^^ D 경찰서에
있는 거 같은데 면회는 안 될 거야.
정말 최악이다.^^ 아마 경찰서에
잡혀 온 거 교카한테 얘기하지
말아달라고 했나 봐. 걱정시키고 싶지
않다고. 그게 더 미치겠다! 다행히
본인은 괜찮은가 봐. 어쨌든 어디
있는지는 알았으니까. 안심이 되니까
눈물이 막 나는 거야.^^ 그랬더니
정신이 들면서 진통이 느껴지는
거야.^^ 혈압 160이었어. 너무

맨발로 도망치다

다행이네, 어디 있는지 알아서.

그럼, 나라도 병원에 갈까. 교카 친구들 많다는 거 알지만 출산할 때 혼자 있으면 그렇잖아. 혈압도 걱정되고 뭐 필요한 거 챙길 사람도 있어야 하고, 옆에 누가 있는 게 낫잖아. 밤 동안만이라도. 어때? 아침까지만 옆에 있을게.

○○는 괜찮아. 세상모르고 자고 있으니까 맡기고 가면 돼. 나 같은 아줌마 있으면 든든하다니까.

아마도. 많이 아플 테니까, 얘기도 하고, 문질러주기도 하고, 누군가 옆에 있는 게 좋을 거야. 갔는데 필요 없으면 그건 그때고. 일단 갈게. 그쪽으로.

불안해서.

그래서 안심이 됐어.^^ 엄마한테도 말 안 했어. 루이 여기 있는 줄 아셔.^^

요코, ○○[딸 아이 이름] 봐야 되잖아?

혼자서 낳는 것보다 누가 있는 게 나으려나?

정말 고마워! 출산 입회인 요코한테

새 섬유유연제, 새 가족

맡길게.^^ 음, 이건 루이가 돌아오면
혼내도 되겠지?^^

절대로 혼자서 아이를 낳게 하지는 않겠다고 다짐했다.

실내복 차림으로 집에서 뛰쳐나와 액셀을 밟았다. 신호도 몇 번
무시했더니 30분도 안 걸려 병원에 도착했다.

"최단 기록 달성!"이라고 말하며 으스댈 준비를 하고 병실 문을
노크했더니 살짝 문을 연 교카가 너무 울어 통통 부운 얼굴로 서 있었다.
뭐야, ^^ 이런 웃음 이모티콘만 잔뜩 넣어서 아무렇지 않다는 듯 문자를
보내놓고서는. 역시 내내 울고 있었구나 싶어 갑자기 나도 눈물이 날 것
같았다. 그때 "엄청 빠르네!"라는 교카의 큰 목소리에 깜짝 놀라 '아, 평소의
교카로 돌아왔네' 하며 병실로 들어섰다.

교카를 앉혀놓고 다시 한 번 어제오늘 있었던 일을 들었다.

저녁에 루이가 돌아오지 않아 새벽 4시까지 계속 기다렸던 일, 겨우
잠이 들었다가 아침 9시에 눈이 떠졌는데 그때도 루이가 없어서 교카랑
태어날 아이가 싫어져 교카를 떠나버린 건 아닐까 걱정했던 일, 혼자서 택시
타고 병원에 온 일, 혼자서 아이를 낳을 수밖에 없다고 생각해 유도분만을
준비한 일, 그 뒤 친구가 루이가 연행됐다고 알려줬고 또 한 친구가 루이를
찾으러 D 경찰서까지 간 일, 루이가 너무 미안하니까 교카에게는 말하지
말아달라고 당부한 일.

모두 어젯밤부터 오늘밤 사이에 일어난 일이었다.

"다행이네."

"오기만 해 봐! 죽여놓을 거야!"

"뭐, 그래도 그 덕분에 진통도 없어졌고. 아마 오늘은 안 나올 테니까,
잠 잘 오게 하는 발마사지 해줄게."

---

160   맨발로 도망치다

나는 교카의 발을 꾹꾹 주물러줬다.

"발 엄청 부었네!"

"코끼리 같지?"

"코끼리야, 아기 코끼리."

"발이 안 보여. 배가 너무 부르니까 몸을 굽힐 수가 없는 거야. 그래서 요즘에는 루이가 다리털 제모해줘."

잠시 아무 말 없이 발마사지를 해줬다. 그랬더니 교카가 "아 진짜, 부드럽게 만져주니까 정말 졸리다"면서 하품을 했다.

진통은 완전히 가셨다. 내일 오전에 다시 오겠노라 약속하고 교카를 침대에 눕히고 나서 새벽녘에 나는 집으로 돌아왔다.

다음 날 아침 회의가 있어서 일단 출근을 했다. 회의를 하는 중에도 LINE으로 상태를 확인했다. "7센티 열렸어!"라는 연락이 온 게 10시 좀 지나서였다. "금방 갈게"라고 답하고는 회의를 빠지고 병원으로 향했다.

병원에 도착했더니 분만 대기실에서 혼자서 진통을 견디던 교카가 역시나 "엄청 빨리 왔네!"라고 쾌활하게 말했다.

◆

분만을 도와주는 간호사는 능수능란했다. 온몸에 문신을 한 교카를 보고도 전혀 동요하지 않았다. 점점 더 진통이 심해질 테니 체력을 잘 유지해야 한다며 배에 힘을 주지 말고 호흡을 가다듬으라고 했다. 그리고 "요코 씨! 지금까지 정말 잘하고 있어요"라고 웃는 얼굴로 상냥하게 교카에게 말했다. 내가 "어쩌지, 교카, 이름, 잘못 알고 계시네"라고 했더니 교카는 늘 그렇듯이 "뭐, 어때"라고 했다. "어, 요코라고 부르는데 괜찮아?"라고 했더니 "괜찮아, 뭐"라며 아무렇지 않다는 듯 손을

새 섬유유연제, 새 가족

내저었다.

8센티미터 열렸을 때 교카는 "진짜 아파!", "이제 배에 힘줘도 돼?"라고 간호사에게 물었다. 그랬더니 간호사는 단호하게 "요코 씨! 아직 안 돼요!"라고 말하며 "테니스공으로 여길 누르면 통증이 덜해요. 어머님! 아, 어머님이 아니신가?" "아, 뭐 상관없습니다." "그럼, 어머님, 여기를 눌러주세요!"라고 말하며 교카의 허리를 테니스공으로 문질러주라고 나에게 지시했다.

교카와 둘이서 후-후-, 하-하- 호흡하고 있는데, 간호사는 수시로 확인하러 와서 "아직 배에 힘주면 안 돼요, 호흡, 후-후-, 하-하- 요코 씨!"라고 교카의 허리를 문지르면서 함께 호흡을 해줬다.

진통을 체크하는 기계가 통증 강도의 정점만 찍고 있을 때 교카가 나를 향해 "이제 못 참아, 죽을 거 같아!"라며 "이렇게 아픈데, 나오기만 해 봐, 꼭 학대해줄 거야!"라고 소리 질렀다. 나도 이렇게 세게 문질렀다가 허리가 끊어지는 게 아닐까 싶을 정도로 교카의 허리를 문지르고 또 문질렀다. 또다시 간호사는 "요코 씨, 호흡, 호흡, 후-후-, 하-하-, 멈추지 말고, 힘내요, 요코 씨!!!"라고 큰 소리로 다독였다.

그때였다. 끙끙 신음 소리를 내던 교카가 갑자기 "요코 아니야!!!"라며 호통치듯 외쳤다. 나는 손을 멈추고 "갑자기 왜 그래!"라고 나무랐다. 간호사는 '뭔 소리지?' 하는 얼굴로 "죄송합니다. 이름이?"라고 교카에게 물었다. 그러자 교카는 "교카라고! 아 정말, 짜증나게!!!"라고 고래고래 소리를 질렀다. 너무 황당하고 갑작스러운 저항에 나도 간호사도 깔깔 웃고 말았다.

이 틈에 잠시 쉬려고 손을 멈추고 있었더니 교카가 다시 끙끙댔다. 간호사도 "문질러요! 문질러!"라고 나를 채근했다. 할 수 없이 다시 교카의 허리가 끊어질 정도로 세게 문질러댔다.

맨발로 도망치다

교카의 목소리는 점점 거세졌다. "이젠 안 돼! 여기서 낳을 거야!"라며 간호사를 협박했다. 다시 자궁문이 얼마나 열렸는지 확인한 간호사가 "10센티"라며 드디어 "분만실로 가요"라고 말했다. 간호사는 "교카 씨, 걸으세요"라며 옆방에 있는 분만대까지 걸어가라고 했다. "못 걸어!" 하고 대꾸하는 교카의 말을 무시하고 간호사는 "걸어요, 교카 씨, 걸어! 이제 곧 귀여운 아기를 만날 거예요"라며 교카를 격려했고 교카는 "안 귀여워! 내가 꼭 학대할 거야!"라고 응수했다. 간호사가 지지 않고 "네네, 그러세요. 자, 걸어오세요!"라고 하자 교카는 걸음을 뗐다. 내가 "프로시네요"라고 경탄해 마지않자 간호사도 "프로죠!"라며 싱긋 웃는다.

분만실로 이동하고 나서는 순식간이었다. 분만대에 누운 교카는 20분 만에 순풍 아기를 낳았다. 루이에게 출산 장면을 보여주려고 도중에 호흡을 도와주던 일을 멈추고 사진 촬영을 하던 나는 그만 앙앙 울고 말았다. 교카는 "루이! 죽여버릴 거야!!"라고 분만실이 떠나가라 소릴 질렀다.

◆

교카는 이번에도 혼자서 아이를 낳았고, 루이가 유치장에서 구류를 사는 동안 혼자서 아이를 돌봤다. 우울해하고 있을 듯싶어 종종 교카의 얼굴을 보러 갔다. 하지만 교카는 늘 씩씩하고 쾌활했다. 살이 쏙 빠졌고 아기는 언제나 향긋한 섬유유연제 향을 풍기는 깨끗한 옷을 입고 있었다. 만날 때마다 향이 바뀌었다. 날씨에 따라 그날그날 다른 섬유유연제를 쓰는 듯했다.

한 달 동안 구류를 산 루이가 돌아오던 날 교카는 마음이 설레었다고 한다. 루이가 돌아온 다음 날, 교카에게서 "누구야, 이 아저씨? 칙칙하고 지저분하고"라는 문자가 왔다.

새 섬유유연제, 새 가족

2015년 12월 31일, 교카의 페이스북에 1년간의 추억을 담은 동영상이 올라왔다. 루이, 시온과 함께 갔던 곳, 친구의 쌍둥이 아기와 놀러 가서 찍은 사진, 교카의 배가 점점 불러오는 모양, 시온과 루이가 딱 달라붙어 자는 모습, 막 태어난 아기를 안고 교카와 내가 함께 찍은 사진 등이 흘러갔다.

마지막 사진은 루이가 유치장에서 나온 날, 책상다리를 하고 의자에 앉아 불고기를 먹는 루이의 전신사진이었다. 유치장에서 만날 때에는 상반신밖에 볼 수 없었으니 이렇게 집을 배경으로 한 루이의 전신을 보는 게 교카는 기뻤겠구나 싶었다. 영상은 천천히 흐려지더니 마지막에 커다란 자막이 나타났다. 거기에는 "이 멍청이! 또 그러면 죽여버릴 거야!!!"라고 쓰여 있었다.

이 말은 루이를 용서한다는 뜻이다. 앞으로도 둘이서 함께 살아가자는 교카의 공식 러브레터인 셈이다.

아기가 태어나고 나서도 두 사람은 혼인 신고를 하지 않았다. 교카는 "결혼하면 뭐가 좋은데?"라고 묻는다. 살림도 빠듯한데 아동수당이라도 받으면 좋지 않겠냐고 말해봤지만 민생위원을 만나는 게 싫다며 신청도 하지 않았다.

아침이면 루이는 시온을 어린이집에 데려다주고 타투숍으로 출근했다. 교카는 집안일을 하면서 아기를 돌봤다. 타투숍은 집에서 아주 가까웠다. 오고 싶으면 언제든지 오라고 루이는 말했다.

오늘 빨래는 꼭 오늘 다해야 직성이 풀린다는 교카가 술을 마시면서 마지막 빨래를 시작할 즈음 루이가 일을 마치고 돌아왔다. 집에 오면 루이는 아기를 안은 채 내려놓지를 않았다. 그 덕에 아기는 완전히 손을 타서 이제 안아주지 않으면 칭얼댄다.

맨발로 도망치다

손님이 없는 주말에는 넷이서 가까운 공원으로 산책을 나가기도 하고 조금 멀리 외출해 외식을 하고 오기도 했다.

둘은 아기의 백일 기념사진을 찍으러 사진관에 갔다. 사진에 들어갈 이름표에 아기의 성을 어떻게 쓰겠냐고 사진사가 물었다. 둘의 아이니까 두 사람의 성을 같이 넣겠다고 했다.

그렇게 서로 상의하면서 사이좋게 잘 지내는가 싶다가도 둘은 툭하면 으르렁댔다. 루이는 교카가 뭐든 다른 일을 할 수 있는데도 캬바쿠라 일밖에 못 하겠다고 한다며 불평했다. 교카는 "루이가 술 취해가지고 주차장에서 잤어! 이젠 헤어질 거야! 캬바쿠라로 돌아갈 거야!"라고 투덜댔다.

나는 "온몸에 문신을 했으니 캬바쿠라밖에 갈 데가 없지! 그러니까 70퍼센트만 하라고 그렇게 말했는데!"라고 문신을 새겨준 장본인인 루이를 꾸짖고, "헤어지든 어쩌든 캬바쿠라로 돌아가서 돈은 모아두는 게 어때"라며 교카를 부추겼다.

요즘 교카의 페이스북에는 "빨래 끝. 이불도 다 빨았지롱"이라는 글과 함께 이불이 펄럭이는 사진이 올라와 있다. "오늘 새 섬유유연제 써봤는데, 정말 좋다"라는 글도 함께.

아마 앞으로도 둘에게는 이런저런 일이 펼쳐질 것이다. 하지만 교카는 이제 새로운 가족과 함께 향긋한 섬유유연제 향이 나는 이불 위에서 잠을 청하는 일상을 보낸다. 그래서일까. 파란 하늘을 배경으로 펄럭이는 이불 사진을 볼 때면 괜스레 눈물이 나곤 한다.

새 섬유유연제, 새 가족

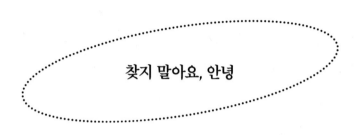

찾지 말아요, 안녕

하루나가 조수석에 탔을 때 깃털이 사뿐히 내려앉는 듯한 느낌이 들었다. 차를 몰며 "여기서 왼쪽?" 하고 집 위치를 묻자 조수석 깊숙이 몸을 파묻은 하루나는 한층 편안해진 얼굴로 "응, 왼쪽" 하고 대답했다.

인터뷰를 마치면 특별한 일이 없는 한 인터뷰이를 집까지 차로 바래다줬다.

집으로 가는 차 안에서 창밖 거리를 바라보다 보면 '아, 이런 풍경 속에서 자랐구나' 하고 방금 전 들은 이야기가 더 생생히 다가왔다. 어릴 적부터 익숙한 풍경 속에서는 과거의 일이 더 또렷해지는지 인터뷰이는 인터뷰 때 했던 말을 바로잡기도 한다.

언제부턴가 차 안에서 나누는 이야기에 집중하고 싶어, 녹음을 해도 괜찮겠냐고 양해를 구하고는 인터뷰를 마치고 나서도 녹음기를 계속 켜두었다. 하루나와 인터뷰를 한 날도 그랬다.

하루나는 열다섯 살 때 집을 나왔다. 그 후 4년 동안 손님 차로 호텔로 가 섹스를 하는 나날을 보냈다. 하루나는 그렇게 모은 돈으로 남자친구인 가즈키와 함께 지냈다. 반년 전 가즈키와 헤어지고 본가로 돌아오고 나서 하루나는 지금까지와는 다른 일을 시작했다.

　다시 녹음을 듣다 보니 아무 거리낌 없이 차에 올라타는 모습이
떠오르며 하루나의 지금까지의 삶이 그려졌다.

　그랬다. 끊임없이 손님을 받던 4년 동안 하루나는 모르는 사람의 차에
아무렇지 않게 올라타고 손님 앞에서 애써 여유로운 표정을 지어 보여야
했을 것이다.

　빗물을 쓸어내리는 와이퍼 소리에 섞여 들려오는 대화에서 좀 더
얘기를 듣고 싶다며 "멀리 돌아서 가도 돼?"라고 묻는 쪽은 나이고, "응,
괜찮아요"라고 부드러운 목소리로 대답하는 쪽은 하루나였다.

　헤드폰 속의 하루나는 지금도 다정한 목소리로 이야기를 하고 있다.

하루나를 처음 만난 날엔 비가 부슬부슬 내렸다.

　약속 장소인 주차장에서 하루나에게 "인터뷰하기 전에 밥부터
먹을까, 어디가 좋아?"라고 물었다. 하루나는 어디든 괜찮다고 했다.
가까운 가게에 들어갔는데 하루나는 그다지 비싸지 않은 메뉴를 골랐고
작은 사이즈의 음료수를 주문했다.

　밥을 먹으면서 인터뷰를 어디서 하면 좋겠는지, 노래방에서 하는 건
어떨지 물었다. 하루나는 또다시 어디든 괜찮다고 말했다.

　폭신폭신한 쿠션 같은 딱 그런 느낌이었다. 그러니 오늘 인터뷰는
잘 안 풀릴 수도 있겠다는 막연한 예감이 들었다. 이런 대화가 오갈 때면
분위기는 부드럽지만 인터뷰는 슬쩍 엇나가곤 했다.

　밥을 다 먹고 자리를 옮기려 할 때 "노래방으로 할까, 주변 사람들
눈도 신경 쓰이니까?"라고 다시 확인하자 이번에는 하루나가 "네, 네,

　　　　　　　　　맨발로 도망치다

좋아요"라고 했다. 이 대답을 들으니 어쩌면 이 아이는 오늘 정말 말을 하려고 나왔구나 싶어 조금 놀랐다. 상대방의 결정을 부드럽게 이끌어내는 대응 방식이 이 아이의 매력임을 깨달았다.

소리가 새어나가지 않는 노래방에 들어가자마자 하루나는 지금까지의 자신의 삶을 토로했다. 그날 나는 하루나에게 가출 후 4년 동안 어떻게 지냈는지, 지금은 무슨 일을 하는지를 물었다. 내게 돌아온 대답은 집을 떠났다 다시 집으로 돌아오기까지의 길고 긴 여정이었다. 수시로 가족이 바뀌고 이곳저곳 전전하며 어린 시절을 보내던 한 아이가 세상의 비바람을 피할, 마음을 의지할 '집'이 없어지자 원조교제를 하며 삶을 버티다 다시 '집'을 찾아 돌아가는 이야기였다.

◆

하루나는 이 집 저 집 떠돌며 살아왔다. 하루나의 떠돌이 생활에는 이유가 있었다. 어릴 때부터 어른들 상황에 따라 가족이 여러 번 바뀌었고 사춘기에 접어들고부터는 친구나 남자친구와 함께 살았기 때문이다.

하루나가 태어나자마자 하루나의 부모님은 헤어졌다. 오빠는 아버지가, 하루나는 어머니가 맡았다.

하루나의 아버지는 양육비를 보내겠다고 약속했다. 이혼을 하고 나자 하루나의 어머니는 하루나를 데리고 본가가 있는 도쿄로 돌아갔다. 하지만 도쿄로 간 하루나는 수 주 동안 야간보육시설에 방치되곤 했다. 결국 아버지와의 연락도 끊겨버렸다.

하루나가 초등학교에 들어갈 시기가 되자 학교 입학 수속 때문에 하루나의 할머니가 아버지에게 연락을 했다. 그 당시 하루나는 할머니와 함께 살고 있었다.

찾지 말아요, 안녕

아마도 초등학교 들어가기 전에 통지서 같은 게 온다고 해서. 그때 할머니네 집에 있었는데, 할머니가 아빠한테 연락을 했어요. 할머니가 "하루나, 지금, 지금 여기 있는데, 초등학교 가야 한다는데", "애 엄마, 지금 여행 가서 없어"라고. 아빠는 이 말 듣고 전화를 딱 끊고. 아마 그때 내가 도쿄에 있었나 봐요. 도쿄까지 찾으러 와서 [중략].

하루나 혼자서 지냈던 거야?

혼자, 할머니 집에서.

도쿄에 있는 할머니 댁에 보내졌구나.

네네네. 그런데 [할머니는] 일 때문에 집에 없으니까. 내가 어렸을 때에는.

그랬구나. 도쿄에 있는 할머니가 아버지한테 연락을 했어?

네네네.

아버지가 그 말 듣고 찾으러 왔는데, 주소는 모르고?

그게, 무슨 단지라는 것밖에 모르셔서.

하루나의 아버지는 할머니의 연락을 받고 나서야 하루나가 어머니와 살지 않는다는 사실을, 그리고 지금은 할머니 집에 맡겨졌다는 사실을 알았다. 하루나의 아버지는 하루나가 살고 있는 단지 위치를 묻고는 곧바로

맨발로 도망치다

달려왔다.

밤이 되어 단지 앞에 도착한 하루나의 아버지는 집에 혼자 있는 하루나에게 전화를 해 호수를 물었다. 하지만 하루나는 아직 어려 주소를 몰랐다. 아버지가 방에 있는 하루나에게 부탁했다.

할머니는 밤에 병원에서 일해서, 밤에 집에 없었어요. 아무도 없었어요, 집에. 그런데 전화가 울려서…. 하루나는 기억나지 않지만, 아빠가 말하는데 "이 단지에서 어떻게 찾지"라고. 하루나에게 전화해서 "아빤데 불을 껐다 켰다 해볼래" 그랬다고. 그래서 껐다 켰다 하니까 아빠가 집을 찾아왔어요. 그러고는 오키나와로 바로 데리고 왔어요.

아, 찾자마자 데리고 돌아왔어?

응, 그냥 곧바로. 아마 '하루나를 내버려뒀다간 어떻게 될지 모른다'고 생각한 것 같아요. 그거 뭐라 그러지, 돈도 보냈던 것 같은데, 양육비. 그런데 엄마가 그 돈을 전부 다 써버렸나, 파친코 같은 데서 다 써버렸다고 하니까. "그러니 이젠 어쩔 수 없다"라고. "재판도 해서 친권도 얻었다"라고 하면서.

찾지 말아요, 안녕

아버지는 어둠 속에서 명멸하는 불빛을 따라 하루나를 찾았다. 하루나의 아버지는 아무에게도 말하지 않고 하루나를 데리고 곧장 오키나와로 돌아왔다.

오키나와에는 아버지가 재혼해 새로 만든 가족이 기다리고 있었다. 하루나에게는 갑자기 아빠와 새엄마 그리고 오빠와 여동생이 생겼다. 하루나는 새엄마를 "엄마"라고 부르며 따랐다.

하지만 6년 후 하루나의 가족은 다시 뿔뿔이 흩어졌다. 돈 문제로 아버지가 새엄마를 수도 없이 때렸고 구타를 당한 새엄마는 폭력을 견디지 못하고 이혼을 청구했다.

세 아이는 각각 다른 집에 살게 됐다. 오빠는 친할아버지 집으로, 하루나는 아버지 집에, 그리고 하루나의 여동생은 새엄마가 맡았다.

따로 살게 되고 나서도 하루나는 새엄마와 여동생이 사는 집에 자주 드나들었다. 학교를 마치면 버스를 타고 새엄마네 집으로 갔다. 그리고 저녁이 되면 다시 버스를 타고 모두 함께 살던 집으로 하루나 혼자 돌아왔다.

하루나가 중학생이 될 무렵 하루나의 가족은 다시 바뀌었다. 하루나의 아버지는 새 여자친구를 집으로 데리고 왔다. 그리고 같이 살기로 했다며 하루나에게 소개했다. 얼마 뒤 하루나의 아버지는 도쿄로 일하러 가게 되었고 집에는 아버지의 연인과 하루나 둘만 남았다.

아버지, 새엄마, 오빠, 여동생과 함께 살던 집에서 이제 하루나는 모르는 여성과 단둘이 살게 됐다. 중학교 시절의 그 생활을 하루나는 "지옥에 가까웠다"고 말한다.

맨발로 도망치다

◆

열네 살이 됐을 때 하루나는 처음으로 남자친구를 사귀었다. 연상인 남자친구는 하루나를 오토바이에 태우고 어딘가로 데리고 갔고 남자친구네 집은 하루나가 언제든지 머물 수 있는 곳이 되었다. 하지만 이 일로 아버지 여자친구와 자주 싸웠다. 아버지의 여자친구는 하루나가 하는 모든 행동을 도쿄에 있는 아버지에게 낱낱이 보고했다.

얼마 지나지 않아 하루나는 남자친구와 헤어졌다. 남자친구와 헤어지고 나서 하루나는 밥도 먹지 못하고 내내 울면서만 지냈다. 첫 실연의 아픔은 하루나에게 이제 어디에도 나를 받아주는 곳이 없다는 큰 상실감을 안겨줬다.

집에 있을 수 없었던 하루나는 인터넷 커뮤니티 사이트 '주고렌고'를 통해 자신을 집에서 데리고 나가줄 사람을 찾았다.

> 그때 정말, 처음으로 사귄 그 사람이 너무 좋았는데, 차여서. 이젠 정말 아무래도 좋다 싶은 생각에 마구 싸돌아다녔어요. [중략]

그때 같이 놀러 다녔던 친구나, 사람들도 같은 중학생?

> 아니, 아니었어요. '주고렌고'에서 알게 된 사람. [중략]

무섭지 않았어?

> 안 무서웠어요. "그냥 될 대로 되라" 싶었죠.

찾지 말아요, 안녕

첫 남자친구와 헤어진 게 정말….

> 힘들었어요. 정말 힘들었어요. 한 달…
> 한 달 정도 밥도 제대로 못 먹고,
> 매일 울면서 [중략]. 헤어졌을 때 정말
> 좀 정신적으로 충격을 많이 받아서
> 매일 '괜찮지?'라고 혼자 묻고는
> 했는데, 어느 샌가 괜찮아져서 놀러
> 다니기 시작했을 때에는 그냥 다
> 나았나 보다 그랬던 것 같고. '이제 난
> 아무래도 좋다. 그냥 놀자, 놀아'라는
> 식이었으니까.

딱히 [실연의 아픔이] 끝났다는 느낌도
없이. 다 나은 것도 아닌데.

> 응. 아무래도 상관없다는 마음에.

하루나는 그저 자신을 집에서 데리고 나가줄 사람이 필요했다. 그리고
자신을 데려가는 사람이 요구하면 섹스를 했다.

하루나가 인터넷에서 알게 된 연상의 남성들과 만나고 다닐 무렵 가끔
만나서 놀던 한 살 연상의 가즈키가 하루나에게 '원조교제'를 하라고
부추겼다. 가즈키는 인터넷 게시판에 여성인 척하면서 손님을 모아
성매매를 연결해주는 '브로커'를 하며 돈을 벌었다. 하루나는 손님과
섹스를 하고 돈을 받는 일이 무서워 거절했다. 그러자 가즈키는 꼭 삽입

맨발로 도망치다

섹스를 하지 않아도 되는 손님도 있다고 귀띔했다. 그러면서 구강성교를 하는 'F 온리' 손님을 하루나에게 알선했다. 하루나는 손님을 만났다.

나이는 몇 살 정도? 아저씨?

서른. 삼십 대 중반 정도.

흠. 처음에 무섭지 않았어?
말하는 것도 어렵고?

무서웠어요. 만나기 전까지는 무서웠어요. 그래도 대부분 좋은 사람이었어요. 얘기 나누다 보면 그다지 싫은 느낌은 없었으니까. 그래도 역시 "몇 살이니?"라고 물으니까.

꼭 물어보는구나!

꼭, 그러니까. 그래서 머릿속에 연도랑 띠랑 그런 거 전부 집어넣고.

열여덟 살로 설정했어?

열아홉 살이라고 말했어요. 열아홉 살로 설정했어요.

가즈키가 손님을 모을 때에도 모두 열아홉 살?

응, 전부 다. 이 사이트 자체가 당연히 18세 이상이니까. 그래도 미성년자 엄청 많아요. 중학생도 있고. 요즘 다 있다고 하니까.

찾지 말아요, 안녕

손님 차에서 내린 뒤 손님에게서 받은 돈을 확인했더니 처음에 약속한 조건이었던 7000엔에 더해 5000엔이 팁으로 들어 있었다.

그 돈을 손에 쥐었을 때 하루나는 '이렇게 돈을 모으면 집에서 나올 수 있겠구나' 생각했다. 만약 혼자서 돈을 벌 수만 있다면 아버지가 제멋대로 데리고 들어온 아버지 애인과 같이 지내지 않아도 됐다.

그러고 나서 하루나는 아버지와 엄청 크게 싸운다.

> 아빠의 여자친구랑 싸울 때, 내 딴에는 그때, 그 여자에게 "피 한 방울 안 섞인 남인데 왜 나한테 이래라저래라해야?"라고 말하고. 아빠한테 전화했더니 "어떻게 하고 싶은 건데?" 그래서 "아무것도 하고 싶지 않아!"라고 했더니, 아빠는 "아빠 인생에 이렇게 하루나가 있으니까 이렇게 하루나가 오키나와에 있으니까, 어떻게든 생활은 해야 하니까 여기까지 와서 일하고 있잖아?", "가기 싫은데도 도쿄까지 가서"라고. "그럼 하루나가 아빠 인생에서 사라지는 편이 낫겠네?", "그럼 하루나 때문에 일 안 해도 되고 그 여자만 챙기면 되고 오키나와에서 일하면 되고"라고 말했어요. "지금까지 미안했어. 걱정시키고

맨발로 도망치다

힘들게 해서 미안. 그니까 이제
그만해, 바이바이"라고 말하고, 탁,
전화 끊고.

아버지와 전화 통화를 한 뒤 하루나는 집을 뛰쳐나왔다.

◆

집을 나온 뒤부터 하루나는 손님과 섹스하고 돈을 받는 생활을 했다.
혼자서 어떻게든 생활을 해야 했기 때문에 손님을 골라 받을 수도 없었다.
　하루나가 가출하자 이웃에 살던 하루나의 친구 가오루도 가출했다.
하루나와 가오루는 가즈키에게 살 만한 집을 알아봐달라고 부탁했다.
가즈키는 저렴한 민박을 소개해줬다. 그 집은 출입도 자유로웠고 아직
열다섯 살인 하루나와 가오루가 그곳에서 지내는 이유를 캐묻지도 않았다.
하루나와 가오루는 가즈키가 알선해주는 손님과 정기적으로 만났다.
　그런 생활이 지속되면서 하루나는 점점 가즈키를 의식하게 됐다.

아무래도 함께 있어서 그랬는지
처음에는 가즈키 친구랑 사귀었는데,
무슨 일 때문인지 차였나, 그래서
헤어지고 가오루랑 같이 다니던
친구가 "가즈키 괜찮지 않아?"라고.

그래서?

그런 말을 듣고 나니까 나도 모르게
계속 의식하게 돼서. 가즈키만 계속

보게 되고. '아, 이게 좋아하는 걸까.'

아하하.

그런 상황이 (웃음) 아마 1, 2개월 정도, 두근두근하고, 마음이.

음, 흠.

응, 그래서 쇼핑몰에서 놀다가 가오루에게 "어떻게 해야 하지?", "말해야 하나?"라고. 그래서 "하루나 일단 문자 보내볼래. 집에 가서"라고 [가오루에게] 말하고. 돌아와서 문자로. 그때는 [가즈키를] 가즈라고 불렀으니까 "가즈 있잖아, 할 말이 있는데" 하고. "뭐?"라고 하길래 "하루나 좋아하는데"라고. "사귀자"고 했더니, "미안, 지금 바쁘니까 나중에 연락할게" 그러는 거예요.

오호호. (웃음)

아, 정말. "아, 차였다, 뭐야" 싶었는데 딱 12시 정각에 "아까 물어본 거, 대답은 OK야"라고. "그럼 OK라고 바로 말하지 왜 아까는 대답 안 했어?"라고 물었더니, "기념일 날짜에 4가 들어가는 게 싫어서"라고.

와하하. 아, 귀여워. 귀엽네.

아, 귀여워요, 얘는 참. (웃음)

맨발로 도망치다

좋아하면 그냥 빠져들게 되지. 마음
설레고.

응.

싫으면 아무 상관이 없지만. (웃음)

아마도 하루나 행동하는 거 보면서
눈치 챘던 것 같아요. "이제 슬슬
넘어오겠는걸"이라고. (웃음)
주위에서도 말이 나오고 [중략].

그때가 몇 살?

그때 아직 열다섯 살. 아무래도 뭐랄까.
그때까지는 그렇게 매일 붙어 지내던
사람이 없었으니까. 그런데 가즈키,
고등학교도 제대로 안 다녔고, 우리가
민박집에 있으면 학교 빠지고 와서는
함께 자기도 하고 놀러 다니기도 하고.
그러니 점점 빠져든 것 같아요. "가즈키
정말 좋아해, 정말, 정말" 이렇게.

음. 그런데 그때부터면 꽤 오래
사귀었네.

응, 오래됐어요.

몇 년 정도?

이번 달로, 지금도 사귀고 있다면, 5년.

아, 그렇구나.

응. … 그렇지만, 많은 일을 겪었어요.
가즈키랑 있으면서.

즐거운 일, 괴로운 일, 화나는 일까지?

응, 응, 모두.

하루나는 가즈키와 함께 지내면서 모든 감정을 느꼈다고 말한다.
아직 스무 살인 하루나가 경험한 '모든 감정'은 어떤 것일까.

✦

하루나가 말하는 '원조교제'는 이랬다. 먼저 가즈키가 인터넷으로 손님을 찾고, 하루나와 가오루는 약속 장소에서 손님을 만나 가까운 러브호텔로 갔다. 거기서 섹스를 하고 다시 약속 장소까지 손님의 차로 돌아왔다.

[약속한] 장소까지는 [가즈키가]
데려다줬어?

거기까지는 아니고 [손님과] 약속한
장소 근처, 눈에 안 띄는 곳으로.

아, 혼자서, 일대일로 약속을 하는
구나.

응, 약속을 하고. 어떤 차인지 물어서.

손님 차에 타는구나.

응.

장소는 어디였어?

처음에는 M쪽에서 했어요.

그럼 A 호텔?

아, 근데 여기저기. D 호텔, K 호텔도.

맨발로 도망치다

손님한테 맞췄으니까. 깨끗한 곳이
좋다는 사람도 있고 그냥 싼 곳이
좋다는 사람도 있으니까.

"어디든 괜찮아요"라고 말하고?

응, 네네.

그 말은 "알아서 하세요"라는 뜻일까.

그니까 조건에 맞춰서. 호텔비
포함해서 2만 엔 정도인데 난 많이
받고 싶으니까. 싸고 또 깨끗한 곳으로
가는 그런 거였어요.

하루나가 손님과 섹스를 하는 '원조교제' 금액은 1만 5000엔 또는
호텔비 포함 2만 엔이었다. 오키나와에서는 대체로 이 정도 선이라고
한다. 이용하는 호텔의 휴게 요금은 3000~3500엔 정도여서 호텔비
포함인 편이 하루나에게 돌아오는 금액이 좀 더 많았다.

일은 순조로웠다. 하지만 하루나는 이 시기 발작처럼 흐느껴 울곤
했다.

가오루랑 함께 있을 때에도 갑자기
이런 일[패닉]이 생겨서, 정말 숨을
쉬지 못할 정도로 흐느끼며 울
때가 있었는데. [중략] 그때 '일은
일!'[이라고 받아들였어요], 하지만
괴로웠어요.

아버지한테서 연락이 온 적은 없었다. 하지만 가끔 새엄마한테서 전화가

오곤 했다. 말을 하다 전화기에 대고 울음을 터트리는 하루나를 새엄마는
차로 데리러 왔다. 그리고 자기 집으로 데려갔다. 하지만 하루나에게
새엄마네 집은 자신이 돌아가고 싶은 집이 아니었다. 새엄마와 여동생이
잠든 한밤중이 되면 하루나는 조용히 혼자서 집을 빠져나와 가오루가
기다리는 민박집으로 돌아갔다.

가끔 엄마가 집으로 데리고 갔어요.
몇 번. … 두세 번 정도.

전화가 왔니?

전화가 와서 말하다 보면 아무래도
울게 되니까. 엄마가 "데리러
갈게"라고, 데리러 오고. 그런데
데리러 와주면 마음이 놓이니까 다시
[기분이] 좋아져서 "아, 이제 괜찮아"
그러고. 그래서 엄마랑 여동생이 자고
있을 때 문 잠그고, 짐만 가지고 살짝
나와서 다시 가오루가 있는 데로
돌아갔어요. "다녀왔습니다" 하면서.
… 가오루는 "괜찮아?"라고 묻고,
나는 "아무렇지도 않아", "늘 있는
일"이라고 답하고.

하루나가 손님을 만나던 약속 장소와 러브호텔은 하루나가 살던 집에서
수 킬로미터 정도 떨어진 거리에 있었다. 숨도 제대로 쉬지 못할 정도로
흐느껴 울던 그 무렵 하루나는 자기가 떠나온 집 근처에서 일을 하고

맨발로 도망치다

있었던 셈이다. 그런 하루나를 아버지는 찾으러 오지 않았다. 하루나 또한 제 발로 스스로 돌아갈 수는 없었다.

◆

4년 동안 일에는 점점 익숙해졌지만 일할 때의 괴로움은 사라지지 않았다고 하루나는 말한다.

　손님에게 폭행을 당하지는 않을까 늘 두려웠다고 한다.

　호텔에서 섹스를 하는 조건으로 만났는데도 불구하고 제멋대로 하루나를 자기 집으로 데리고 가려는 손님도 있었다. 집으로 가 섹스를 할 경우에는 방에 몰래카메라가 설치되어 있을 수도 있고 집에 여러 사람이 모여 있어 집단 강간을 당할 위험도 컸다. 그래서 하루나는 손님이 집으로 가겠다고 하면 거절했다. 그런데도 차를 타고 가다 보니 어느 순간 손님의 집이었던 적도 있었다.

> 손님 집이나 그런 곳에 간 적은 없어요, 무서워서. 어찌어찌 "밖에서 잠깐 담배 좀 피우고요"라고 말하고, 내 손에는 담배랑 휴대전화뿐이어서, 가지고 밖으로 나가서 가즈키한테 전화해서 "아무래도 위험하지? 돌아가는 게 좋겠지?"라고 말하고. 그대로 도망가고 그랬어요.

그날은 기지를 발휘해 빠져나올 수 있었다. 하지만 그 직후 하루나는

183

찾지 말아요, 안녕

호텔에서 손님에게 폭행을 당하고 만다.

> 손님을 만나서 호텔에 갔는데, 호텔 들어가자마자 "화장실 갈게요" 하고 등을 보인 순간, 갑자기 머리채를 잡아당기는 거예요.

세상에, 무섭다!

> '이게 무슨 일이지' 놀라서, 질질 침대까지 끌려가 얻어맞게 생겨서, 그래도 죽을 힘을 다해 저항했어요. 때리고 걷어차고 그랬더니 상대가 포기했어요. 아마 폭력 쓰는 그런 쪽 사람인 거 같은데 [중략]. "일단 보내주세요"라고 말하고 호텔에서 나왔는데 갑자기 손을 잡으면서 "정말로 미안, 다시는 안 그럴 테니까 호텔로 돌아가자"라더라고요. 그런 사람은 믿을 수가 없으니까 "됐어요. 여기서 내려줘요" 했죠.

손님에게 폭행을 당한 뒤 겨우 밖으로 빠져나온 하루나는 미군기지 펜스가 둘러쳐진 깜깜한 밤거리에 홀로 남겨졌다. 그리고 띄엄띄엄 지나가는 택시를 잡아타고 혼자서 민박집으로 돌아왔다.

이 사건이 있고 난 뒤로 하루나는 손님을 만나는 게 무서웠다. 하지만 가즈키는 일을 그만두라는 말을 하지 않았다. 하루나와 가오루는 어떻게

맨발로 도망치다

할까 궁리하다 손님 한 명을 여성 두 명이 맡아 섹스를 하는 '3P'라는
형태로 손님을 받기로 했다. 만약 손님이 폭력을 휘두르더라도 둘이 함께
있으면 저항할 수가 있고 최악의 경우 한 사람은 빠져나올 수 있었다.
그렇게 하면 지금보다 안전하게 일할 수 있었다.

  그때부터는 둘이서 같이 손님을 상대했다. 호텔에서는 손님과 각각
섹스를 하고 다시 원래 약속 장소까지 차로 돌아왔다. 가오루와 함께
있으니 몰래카메라 확인이나 호텔 문단속은 훨씬 수월했다. 분명 이전보다
안전하다는 느낌을 받았다.

  하지만 하루나가 일이 괴롭다고 느끼는 것은 폭행을 당할 위험성
때문만은 아니었다. 발작 같은 울음은 계속됐고 눈앞에 손님이 있는데
그냥 돌아선 적도 있었다.

뭘까. …아무래도 일이 힘든 거겠지?

  그게 무척 심했어요. 괴로울 때랑
  그렇지 않을 때랑.

상대에 따라 달라지는 건 아니었고?

  내 기분에 따라서, 무척. 싫은 손님을
  만나더라도, 싫은 손님을 만났을
  때에는 마음속으로 빨리 끝내고
  돌아가면 그만이라고 생각하면
  괜찮았지만. 내 기분이 나쁠 때에는
  아무리 좋은 사람을 만나도 1분 1초가
  너무나 길게 느껴졌어요.

흠. 말도 하기가 싫고?

  응, 말도 하기 싫고. 그냥 혼자 여기서

사라지고 싶은.

도망치거나 하지는 않고?

그러지는 않았지만. 만날 때 정말
싫으면 주차장 구석에 숨어서
"없는데", 눈앞에 [손님이] 있는데도
가즈키한테 [전화로] "없어", "아, 뭐야.
뻥친 거 아냐?"라고. 차 뒤에 숨어서
"뻥친 거 아냐?"라고 말하기도 하고.

하루나는 일하기 괴로운 날이 많았다고 했다. 하지만 나는 그 괴로움이
무엇이었는지, 그렇게 괴로운데 왜 그 일을 해야 했는지 더는 물을 수
없었다.

하루나가 받은 돈은 하루나와 가즈키의 생활비로 쓰였다. 일을
그만둔다는 선택지가 하루나에게는 없었다. 손님과 만나고 하루나가 울고
있어도 가즈키는 그 이유를 묻지 않았다. 손님에게 얻어맞은 하루나가
혼자 민박집으로 돌아와도 가즈키는 일을 그만두라고 말하지 않았다. 그런
가즈키의 행동을 비난하며 헤어져도 하루나에게는 돌아갈 집이 없었다.
하루나는 어디로도 갈 수 없었고 계속 일을 했다.

하루나의 고통은 층층이 쌓여만 갔다.

◆

하루나는 점점 가즈키가 자신이 벌어온 돈으로 생활하는 데에 화가 나기
시작했다. 하루나가 열일곱 살일 때 하루나와 가즈키는 친구들과 함께
규슈 지역으로 '돈벌이'를 하러 떠났다. 하루나는 매일 몇 명씩 손님을

맨발로 도망치다

받았고 150만 엔을 모아 오키나와로 돌아왔다. 150만 엔이면 손님당 1만 5000엔을 받는 하루나가 100여 명을 상대했다는 계산이 나온다. 돈벌이를 하러 간 동안의 생활비도 전부 하루나가 냈으니 그보다 더 많은 손님을 받은 셈이다. 하루나는 매일 쉬지 않고 일했다.

가즈키는 그 돈의 일부를 자신의 어머니에게 빌려줬다. 게다가 가즈키는 나머지 돈으로 운전면허를 따고 차를 샀다. 150만 엔은 눈 깜짝할 사이에 20만 엔으로 줄었다. 그리고 이때를 기점으로 돈을 관리하던 가즈키의 낭비벽도 심해졌다.

> 150만 엔 정도 모아서 돌아왔는데, 결국 [오키나와에] 돌아가기 전에 자기가 하고 싶은 게 많으니까, 혼자서, 여기에 얼마 저기에 얼마 정해놓고, 10만 엔, 10만 엔 정도씩. [가즈키는] 미용실에, 쇼핑에 내키는 대로 나다니다 오고. 뭐 이제 일 안 해도 되니까 라면서. 돈 있으니까. 놀다보니까 "어디 가고 싶은 데 없어?", "쉬니까 좋네", "하쿠슬로(오키나와의 파친코 업소—옮긴이) 갈까?" 이러고. 돈을 얼마를 쓰는지, 전혀 신경 쓰지 않는 거예요. 그랬는데 봤더니 가즈키는 운전면허 학원에 다니고, 차를 사고. 왜 이렇게 돈이 없어지나 했어요.

찾지 말아요, 안녕

… 갈수록 점점 가즈키가 돈 관리하는 게 엉망이라서. 이젠 내가 해야겠다 싶어서 그랬더니 '뭔 소리야?'라는 반응이고….

가즈키는 자기가 하고 싶은 일이 있으면 하루나에게 손님을 받으라고 재촉했다. 하루나는 가즈키가 시키는 대로 따르는 한편 가즈키에게도 일을 하라고 요구했다. 그렇지만 가즈키는 좀처럼 일을 하려들지 않았다. 이 문제로 하루나와 가즈키가 심하게 다투는 날이 많아졌다.

하루나가 열여덟 살이 됐을 무렵 가즈키는 드디어 호스트바에서 일을 시작했다. 하지만 일 때문에 가즈키가 밤에 집에 들어오지 않자 하루나는 혼자서 집을 지키는 게 고통스러웠다. 가즈키와 하루나의 말다툼은 끊이지 않았다.

하루나는 가즈키에게 낮에 할 수 있는 일자리를 찾으라고 계속 호소했고 가즈키는 그래서 낮 근무를 하는 직장으로 옮겼다.

하지만 가즈키가 월급을 받기까지 약 한 달 동안의 생활비가 없어 하루나는 결국 다시 일을 해야 했다. 그때서야 하루나는 자신이 평소에 '생활비'로 가즈키에게 건네주는 돈이 얼마나 되는지 확인해야겠다 작정하고 가계부를 쓰기 시작했다.

작년, 가즈키가 [낮에 하는] 일 시작한 게, 제대로 일을 시작한 게 6월 정도인데 그 전까지는 계속 싸웠어요. 일 시작하기 전까지, 밤에 하는 일 했었는데, 저는 [밤에] 집에 없는

맨발로 도망치다

게 싫었어요. 그래도 결국 일을 안
하면 생활비가 없으니, 그래서, 그걸
하지 말라고 하면 내가 참아야 하는
건가, 그것도 싫고. 그래서 싸우고,
그래서 "너도 정신 차리고, 낮에
하는 일 좀 하면 안 돼?", "여자한테
의존하지만 말고"라고 말했어요.
그래서 일 시작했고, 가즈키네 부모님
집에서도 나왔어요. 가즈키네 사촌이
빌려준 집으로 옮겼거든요. 그런데
결국 가즈키가 일을 하더라도 월급은
한 달 후에 나오잖아요. 그때까지는
결국 내가 매일 일을 해서. 그래서
같이 살면서, 둘이서 같이 살
생각이었으니까, 그때는. 가계부
만들어서 전부 써넣었어요. 그랬더니
가즈키가 일하고 월급받기 전까지
40만 엔 정도 썼더라고요.

어디다?

피규어라든지, 그런 거 모으는 데다가
죄다. 나중에 봤더니 그 정도 써서.

가계부를 쓰니까 알 수 있었구나.
제대로.

정말, 정말 어이없는 금액이라서, 너무
황당했어요.

생활비 명목으로 가즈키가 쓴 한 달 동안의 총금액이 40만 엔 가까이 된다는 사실을 알게 된 하루나는 입이 다물어지지 않았다. 분명 가즈키가 집세를 내기는 했지만 그 비용은 넉넉 잡아도 몇만 엔에 불과했다. 가즈키는 자신이 버는 돈은 모두 저금한다고 말했지만 저금도 늘지 않았다. 하루나는 화가 났다.

자기도 일을 하는데 저금해야 된다면서, 내가 번 돈으로 생활비를 하자고, 정말, '도대체 왜?'라는 생각이 들더라고요.

가즈키가 번 돈은 가즈키가 자기 돈이라면서 저금한다는 거야?

응, 둘이서 저금하는 거라면서. [그 저금으로] 자기는 학원 다녀야 한다느니, 집 구하는 데 써야 한다느니. [그런데] 돈은 안 모이고. 결국 반년 정도 있겠다고 하고서 사촌네 집에 들어간 건데 1년 정도 있었어요. 그래도 전혀 돈이 모이지 않으니까, 그것도 화가 나고.

마침 그 무렵 새엄마한테서 연락이 왔다. 새엄마가 자신이 운영하는 가게에 와서 일을 해주면 좋겠다고 하루나를 불렀다. 월급은 그리 많지 않지만 근무시간이 오전 10시부터 오후 8시까지인 점, 새엄마가 같이 가게에 있으면서 일을 가르쳐준다는 점이 좋았다. 하루나는 곧바로 일을 시작했다.

그리고 얼마 안 있어 아버지에게서도 연락이 왔다. 아버지의

맨발로 도망치다

여자친구가 이사를 가게 돼서 집 관리를 하루나에게 맡기고 싶다고
했다. 일주일에 한 번 정도 들러서 집을 관리해주면 좋겠다고, 괜찮다면
하루나가 와서 살아도 좋다고 했다.

집을 나와 지내는 내내 하루나는 집으로 돌아가고 싶었다. 하지만
'원조교제'를 하며 생활했다는 사실을 아빠가 아는 이상 아빠 얼굴을
마주보고 살 엄두가 나지 않았다. 하지만 아무도 없는 집이라면 돌아갈 수
있었다. 하루나는 바로 돌아가겠다고 답했다.

그리고 그때 하루나는 가즈키와 헤어지기로 마음먹었다. 하루나가
헤어지자는 말을 꺼내자 가즈키는 "어차피 나한테 돌아오게 될걸"이라고
말했다. 그 말을 듣는 순간 하루나는 온몸이 부르르 떨렸다.

◆

집으로 돌아온 하루나는 아침에 일어나면 일하러 나가고 밤이 되면 일을
마치고 돌아오는 '보통 사람의 평범한 일상'을 시작했다.

다시 만나게 된 중학교 때 친구에게는 가출한 동안 캬바쿠라에서
일을 했었노라고 둘러댔다. 집으로 돌아오자마자 사귀게 된 남성에게도
지금까지 캬바쿠라에서 일했다고 말했다. 그렇지만 친구가 캬바쿠라에서
하는 일을 궁금해하거나 남자친구가 자기 엄마가 하는 스나쿠에서
일해달라고 부탁할 때마다 심장이 요동치며 불안하기 짝이 없었다.

하루나의 아버지는 평소에는 돈 벌러 멀리 나가 지내서 함께 살지는
않았지만 명절에는 긴 휴가를 받아 하루나가 있는 집으로 돌아왔다.

그때 하루나의 아버지는 "어렸을 때부터 고생만 시켜서
미안하다"라고 하루나에게 용서를 구했다. 그리고 하루나가 가출해 있는
4년 동안 자신이 무슨 생각을 하며 지냈는지 얘기했다.

찾지 말아요, 안녕

음, 아빠는 술 마셨을 때가 아니면 정말로 자기가 무슨 생각을 하는지 감정을 드러낸 적이 없었어요. 그런데 말을 꺼내셔서 "그러고 보니 네가 가출했을 때, 어렸을 때부터, 찾으려고 뒤쫓아 갔는데, 쫓아가도, 쫓아가면 갈수록 멀리 달아나버렸다"라면서. 그때는 엄마가 하루나를 데리고 다녔으니까. 그래서 "네가 가출했을 때, 죽고 싶을 만큼 괴로워서, 또 이렇게 해서 실종신고라도 해서 어떻게든 붙잡으려고 했는데, 그렇게, 옛날 일 생각하니까, 또 네가 어딘가 보이지 않는 곳으로 가버리면, 그건 더 싫으니까 찾으러 갈 수가 없었다"고. "하지만, 지금, 이렇게 눈앞에, 내가 볼 수 있는 곳에 있어서 난 정말 마음이 놓인다"고 울면서 말하니까 나도 울고. '정말 불효자식이구나, 난' 이런 생각도 들고. 그래도 아빠가 내가 한 일에 대해선 아무 말도 안 하니까 그게 왠지 오히려 기분이 나쁘기도 하고. 그렇지만, 음, 왠지, 나도 내가 나쁜 일 했다고 생각하지는 않는데, 그때 그 상황에 맞춰서 내가

맨발로 도망치다

살아남을 길을 찾아낸 게 그거였다는
게 나빴을 뿐이라고. … 그러니까.

하루나는 지금까지 해온 일은 나쁜 일이 아니라, 살아남기 위해 했던
일이라고 생각한다고 말했다. 하지만 그 일을 주위 사람에게 이해시키기는
어려울 거라 여겼다. 그도 그럴 것이 집에 돌아오자마자 사귄 남자친구가
하루나가 해온 일을 알자마자 헤어지자고 했기 때문이다.

왠지, 결국, 그때 만난 남자친구한테는
잘못해서 자폭해버렸어요.

그랬구나.

남자친구가 떠보는 말에 걸려들어서.

뭐라고 했는데?

갑자기 "너, 8차 경험 있지?"라고
해서, "뭐, 뭐가?"라고 받아쳤는데.
"왠지 데리헬스(딜리버리 헬스[deli-
very health]의 줄임말로 출장
성매매 서비스를 이르는 속어–
옮긴이)나 그런 쪽 같아서?"라고,
갑자기 되물으니까 "응" 하고 말이
튀어나왔어요. "뭐? 진짜야?" 하고
묻는데 "어"라고. 이 사람도 "원래
이런 거는 안 좋아해"라고. 지난달에
헤어졌는데, 나를 좋아해준 건 알지만
'들통 나면 끝'이란 생각이 들어서,

찾지 말아요, 안녕

지금 정말.

그랬구나.

왠지…. 뭐라고 말해야 좋을지
모르겠는데, 늘 불안해요. '상대방이
어떻게 생각할까?'라고. 말로는 "무슨
상관이야"라고 하지만 고민하게 되고.
이 사람이 지금 만약 나랑 잔다면
어떤 마음으로 어떤 생각을 하는지
신경이 쓰이니까.

최근 하루나에게 새 남자친구가 생겼다.
　　지금 하루나는 남자친구에게 4년간의 일을 말하지 않았다.
그러면서도 불안은 내내 사라지지 않았다.

지금 사귀는 사람이 있는데, 그러니까
그게, '내 모든 과거가 드러나면
어떻게 생각할까' 늘 걸려요. 편견을
갖는 사람도 있지만 그렇지 않은
사람도 있고. 하지만 편견이 없다는
게, 내 입장에서도 '안 그런척 하는 거
아냐' [중략]. 이런 과거가 드러나면
결국, 그런 일을 혐오하는 사람은,
정말로 이유 없이 싫어하니까. 만약
내가 좋아하는 사람이 생겼을 때,
숨기며 살 수 있다고 해도 언젠가는

알게 될 때가 오지 않을까 싶어서
[중략].

아까, 잠깐 말하기는 했는데, 새 남자친구에게 알려지는 게 불안한 거야?

응. 불안. … 불안하고, 아마 정말 지금 사귄 지 얼마 되지 않았지만 좋아하고 있고. 왠지, 정말 편견이 있는 게 싫은 게 아니라, 그래도 과거가 들통나서 헤어지게 되는 건, 내 입장에서는, 곧 이게 나쁜 일인 게 되니까. 그게 그러니까 '더럽다'라고 생각하니까, 사람들이 보기엔, 모르는 사람들이 보기에는.

하루나는 자신의 과거가 알려져 헤어지게 될지도 모른다는 불안을 늘 안고 있다. 한편으로 만약 자신의 과거를 모두 알면서도 상대방이 헤어지지 않는다면 언젠가 이용당하고 자기를 속이려들지는 않을까 하는 불안 또한 있다. 어찌됐든 누구도 자신을 순수하게 받아주지 않을 거라는 불안이다.

　　이런 불안 때문일까. 하루나는 가즈키와 연락을 끊지 못한 채 지내고 있다. 최근에도 가즈키한테서 "서로 편해졌을 때, 네가 돌아오고 싶을 때 돌아와. 난 너뿐이야. 다른 여자는 좋아할 수가 없어"라는 문자를 받았다. 하루나는 "아무튼 역시 아니라는 생각이 들면 아닌 거예요"라고 말하면서도, 그러면서도 어쩌면 가즈키에게 돌아가게 될지도 모른다고 생각했다.

지금 사귀는 남자는 어떤 사람이야?

음, 얘기해보면, 역시 '유흥업이랑 관계된 사람은 싫다'고 말해요. 하지만 가즈키랑 사귈 때에는 하루나가 돈을 내는 게 당연하다고 생각했는데, 처음에 하루나가 사귀자고 했고, 하루나가 먼저 좋아한다고 했으니까. 헤어지려고 하면 가즈키가 붙잡고, 이런 게 반복돼서, 정 때문에 만나던 상태라. 함께 있는 게 너무 당연한, 함께 자는 게 당연한, 그냥 당연했으니까요. …하지만 지금 이 사람은, 만난 지 한 달 정도 됐는데 어디 놀러갈 때도 밥 먹을 때도 다 자기가 돈을 내요. 이게 당연한 건지도 모르겠는데 하루나 입장에서는 당연한 일이 아니어서. 기쁘고, 뭔가, 뭐라 그래야 되지, 정말 소중하게 대해주는 느낌이예요. 가즈키랑 사귈 때와는 다른 느낌. "가즈키랑 다시 만나는 게 어때" 하고 묻는 친구도 있고, 주위에서는 "넌 어차피 가즈키한테 가게 돼 있어"라고

맨발로 도망치다

말하는데, 아마 돌아가게 된다면 하루나의 마음속에서는 '모든 걸 아는 사람은 이 사람밖에 없으니까 어쩔 수 없이 돌아간다'라는 결론으로 가는 것 같아서. 지금 가즈키가 좋으냐고 묻는다면 그건 아니니까. 그냥 4년 동안 여러 경험을 함께해온 사람, 그 이상도 그 이하도 아니니까. 좋아한다기보다는, 만약 가즈키한테 가게 되면 그건 그냥 정 때문에 가는 거니까. '이 사람밖에 없구나, 이 사람한테 갈 수밖에 없구나'라는 포기 비슷한 생각일 거 같아요.

만약 가즈키를 다시 만난다고 해도 이는 하루나가 옛날처럼 가즈키를 좋아해서가 아닐 것이다. 하루나는 일을 그만두고 아버지 집으로 돌아가 지내면서 사귀게 된 남자친구에게 4년 동안 캬바조로 일했다고 말했다. 지금까지의 일을 없었던 것으로 하려 했다. 그런데 '원조교제'를 했던 사실이 들통나자 남자친구는 바로 헤어지자고 했다. 하루나는 사람들과 친밀한 관계를 유지하기가 어렵다는 현실을 맛보고 있다. 그리고 최근 사귀기 시작한 남자친구가 "정말 소중하게 대해준다"고 느끼면서도 과거가 알려지면 어쩔 수 없이 헤어지게 될 거라고 생각했다.

가즈키는 4년 동안 하루나에게 손님을 받게 했고 그 돈으로 생활해왔다. 그런 가즈키와의 생활에 진저리치며 가즈키를 떠났다. 하지만 그런 하루나를 그 누구도 받아주지 않는다면 하루나 옆에 있을 수 있는 사람은 모든 걸 다 알고 있는 가즈키, 오직 한 사람밖에 없었다. 하루나에게 가즈키는 최후의 보루와 같았다. 그러니 하루나는 가즈키를 버릴 수가 없었다. 가즈키에게서 완전히 벗어날 수 있는 날은 하루나가 새로운 보금자리를 찾았을 때일 것이다. 그때야 비로소 하루나에게 행복이 찾아오지 않을까.

✦

인터뷰를 한 지 한 달 후 녹취록을 건네주고 확인을 하기 위해 하루나를 만났다.

"그때 얘기를 하고 나서 기분이 어땠어?"라고 물었다. "아무한테도 할 수 없었는데 말하고 나니 후련했어요"라고 하루나는 대답했다. 그리고 그날 집에 들어가서 곧바로 잠이 들었다고, 그날 말한 남자친구와는 지금도 잘 지내고 있다고, 오늘밤에는 남자친구네 집에서 잘 예정이라고 했다.

남자친구가 기다리고 있을 집으로 하루나를 일찍 데려다주려고 했는데 수다를 떨다가 문득 시계를 봤더니 벌써 밤 10시가 넘어가고 있었다. 서둘러 계산을 하고 가게 밖으로 나왔다. 밖에는 비가 내리고 있었다.

빗길을 운전해 큰길에서 한 블록 들어간 샛길에다 하루나를 내려줬다.

차에서 내리면서 하루나는 "모레, 태풍이 온대요"라고 했다. "우산, 가져갈래?"라고 물었더니 "괜찮아요"라며 차에서 내리자마자 빗속을 뛰어갔다.

잠시 차를 세워두고 비상등을 켜 놓은 채 하루나의 뒷모습이 사라질 때까지 지켜봤다. 저 앞에는 하루나의 남자친구 집이 있다.

전에 차 안에서 하루나가 했던 말을 다시 한 번 떠올려봤다.

하루나는 친구나 남자친구에게 '원조교제' 사실이 알려지면 자신을 더럽다고 생각할까 봐 불안하다는 말을 자주 했다. 그런 하루나에게 네가 가출한 이유도, 원조교제를 하며 생활해온 이유도, 나는 잘 이해할 수 있다고 말했다. 그리고 그렇게 혼자서 열심히 힘겹게 살아온 나날을 지금 남자친구에게 전부 말할 필요는 없다고 생각한다고 덧붙였다.

그렇지만 내가 하루나에게 해야만 했던 말은 그런 말이 아니었을 것이다.

어디에도 갈 수 없는 아이가 안심하고 지낼 만한 곳을 만들어주지 못한 사회, 열다섯 살 때부터 '원조교제'를 하며 살았던 것을 혼자 떠안아야 된다고 생각하게 만드는 사회에 관해서 말해주고 싶었다. 또 그것은 네 탓이 아니라고, 나는 그렇게 생각한다고 말하고 싶었다. 하지만 끝내 그 말을 하루나에게 전해줄 수 없었다. 그런 말을 하더라도 하루나는 이해하지 못했을 것이다. 그렇지만 적어도 하루나가 불안해하지 않고 지낼 수 있는 방법을 찾기 위해 앞으로도 계속 상담을 하고 싶다는 마음, 하루나가 앞으로 하려는 모든 일을 응원하겠다는 마음을 제대로 전하지 못해 가슴이 쓰렸다.

언젠가 하루나에게 차근차근 전해야겠다고 다짐하며 점점 세차지는 빗줄기를 뚫고 차를 몰았다.

2015년 겨울 무렵 하루나의 이야기를 기록했다. 하루나가 읽어줬으면 해서 메일을 보냈지만 아무런 답장도 받지 못했다. 며칠 뒤 전화를 걸었더니 하루나의 전화는 해지되어 있었다. 재빨리 하루나의 페이스북을 확인해봤다. 1년 전쯤 연애 이야기가 올라온 뒤로는 아무런

찾지 말아요, 안녕

글도 남겨져 있지 않았다.

하루나와 가즈키를 아는 사람에게 하루나가 어떻게 지내는지 에둘러 물어봤다. 그러고 보니 요즘 하루나를 만난 적이 없다고들 했다. 내가 낙심하자 "가즈키에게 물어볼까?"라고 묻는다. 나는 당황하며 거절했다.

하루나가 사는 집을 안다. 하루나가 일하는 가게도 안다. 그러니 사실 찾자고 하면 하루나를 찾을 수는 있을 것이다. 하지만 그러지 않으려 한다.

하루나는 휴대전화 번호를 바꿨다. 그리고 옛 친구들 앞에서 자취를 감췄다.

이는 곧 자신의 4년간의 기억 전부를 도려내고 살아가려고 결심했다는 뜻일 것이다.

하루나를 만날 수 없게 되고 나서 하루나와 가오루가 살던 민박집, 손님과 만났다던 가게의 주차장, 손님과 갔다던 호텔, 손님에게 폭행을 당한 뒤 혼자 차에서 내려 걸었다는 미군기지 펜스로 둘러싸인 거리를 차례로 들렀다.

차로 이동하다 보니 하루나가 손님과 만나던 주차장에서 러브호텔로 향하는 길 도중에 하루나의 집이 보인다는 걸 깨달았다.

이동 중인 손님의 차 안에서 하루나는 몇 번이고 자신의 집을 봤을 것이다. 그때 하루나는 누군가가 자기를 찾아와주기를, 그래서 집으로 데려다주기를 바랐을지도 모른다. 하루나는 도쿄에서 오키나와로 돌아온 뒤 새엄마와 함께 지낸 6년이 가장 행복했다고 말했다.

그 무렵 하루나와 함께 살았던 사람은 지금 아무도 그 집에 없다. 하지만 하루나는 그 집으로 돌아갔다.

그 뒤로 하루나가 어떤 나날을 보냈는지 나는 모른다. 기억을 봉인하고

맨발로 도망치다

살아가는 하루나 앞에 어떤 풍경이 펼쳐지고 있을까. 나는 하루나가
자신이 다다르고 싶어 하는 곳에 갈 수 있기를 간절히 바란다. 하루나의
하루하루가 정말 '괜찮기'를 바란다.

조사 일지

인물을 특정할 수 있는 날짜는 기록하지 않았다.

집을 나와서 하는 집들이

인터뷰 취재

2012년 9월 1일(우치코시 마사유키 단독 인터뷰), 9월 3일, 9월 9일, 10월 11일, 11월 12일(우치코시 마사유키 동석)

2013년 2월 25일(우치코시 마사유키 동석), 3월 28일, 5월 5일, 5월 6일, 5월 28일, 8월 8일, 8월 31일, 10월 8일, 10월 20일(우치코시 마사유키 동석), 12월 19일

2014년 1월 12일, 1월 13일, 1월 20일, 1월 27일, 2월 3일, 2월 7일, 2월 24일, 3월 27일, 4월 29일, 7월 17일, 7월 29일, 8월 15일, 8월 25일, 9월 2일, 9월 9일, 9월 16일, 9월 30일, 11월 21일

2015년 1월 1일, 1월 12일(우치코시 마사유키 동석), 1월 22일, 2월 17일, 2월 24일, 2월 27일

2016년 1월 2일, 4월 13일, 7월 11일, 10월 5일, 12월 22일

2016년 3월 1일, 3월 30일

기념사진

2012년 8월 15일(미우; 우치코시 마사유키 동석), 9월 10일(쓰바사)
　　　　(우치코시 마사유키 동석), 9월 15일(우치코시 마사유키 동석)

책가방에 드레스를 쑤셔 넣고

2012년 11월 19일(요시자와 타쿠야 동석)
2016년 8월 20일, 9월 24일
2017년 1월 3일
2016년 9월 24일, 9월 26일

병원 대기실에서

2016년 6월 29일

새 섬유유연제, 새 가족

인터뷰 취재

2012년 9월 3일, 9월 13일(우치코시 마사유키 동석), 9월 ○일,
        10월 ○일, 11월 12일(우치코시 마사유키 동석)

2013년 2월 25일(우치코시 마사유키 동석), 3월 28일, 8월 24일
        (우치코시 마사유키 동석)

2014년 10월 9일(우치코시 마사유키 동석)

2015년 9월 10일, 9월 16일(우치코시 마사유키 동석), 10월 1일,
        10월 2일, 10월 4일(우치코시 마사유키 동석), 10월 9일,
        10월 18일, 10월 28일(루이), 12월 28일

2016년 1월 2일, 1월 18일, 3월 14일(루이), 4월 16일(루이),
        5월 16일, 6월 20일, 8월 22일, 9월 19일, 10월 1일,
        10월 9일(교카·루이), 11월 ○일(교카·루이)

내용 확인

2016년 9월 21일(교카), 10월 9일(루이)

찾지 말아요, 안녕

인터뷰 취재

2014년 9월 4일, 10월 2일(우치코시 마사유키 동석)

맺음말

이 책은 캬바쿠라에서 일하거나 '원조교제'를 하면서 생활하는 10대, 20대 젊은 여성들에 관한 기록이다. 나는 2012년 여름 오키나와에서 진행한 현장 조사를 계기로 이 여성들을 만났다.

이 조사는 원래 유흥업계에 종사하는 여성들이 일에 숙련되는 과정, 생활 전반, 유년기 가정환경에 초점을 맞춘 인터뷰 조사였다. 하지만 인터뷰를 진행하는 동안 우리가 접한 이야기는 애초 예상했던 것보다 훨씬 참혹했다. 인터뷰 횟수가 늘어날수록 고통의 기록이 빼곡히 쌓여갔다.

이들은 가족, 연인, 또는 생면부지의 남성에게 폭행을 당했고 어떻게든 살아남기 위해 그곳에서 도망치려 했다. 미군기지 특유의 오렌지색 불빛이 장악한 거리, 미군기지 펜스로 분절된 거리가 그녀들이 자란 곳이다. 아무리 둘러봐도 도움의 손길은 나타나지 않았다. 그녀들이 당한 잔인한 폭력에 몸서리 처질 때가 한두 번이 아니었다. 그녀들은 맨발로 그곳에서 도망쳤다.

이번 조사는 일회성 인터뷰에 그치지 않았다. 녹취록을 작성해 인터뷰이와 함께 읽고 완성된 원고를 바탕으로 이야기를 나누며 계속 옆에서 그녀들의 삶을 지켜보아야 했다.

그녀들은 너무 어렸고 지금도 현재진행형인 폭력 속에서 지내고 있었기 때문이다. 그런 상황에 변화가 있기 전까지는 도무지 손을 뗄 수 없겠다고 판단했다.

또한 이미 일어난 일이 아무리 잔인하고 가혹하다 하더라도 당사자가 그 일을 누군가에게 말하는 과정, 즉 여전히 삶을 살아내고 있는 자신의 이야기로 이해하는 과정 속에서 어떤 한 줄기 희망을 찾아가는 것을 보았기 때문이다.

그렇기에 수록한 원고의 첫 독자는 바로 그녀들 자신이다.

그녀들에게 익숙한 가게나 그녀들의 방에서 원고를 읽어나가면서 우리는 지나간 시간을 회상하며 많은 이야기를 나누고 같이 눈물을 흘렸다.

그 무렵은 정말이지 어찌해볼 수 없다고 여겼던 일이 지금은 과거가 되어 그저 아련하게 회상할 수 있다는 게 다행스러웠다.

✦

폭력과 빈곤 속에서 아이를 낳아 기르는 것은 제3자에게는 도무지 이해할 수 없는 일처럼 보이기도 한다. 비난의 목소리가 절로 나오기 마련이다. 하지만 조사를 진행하면서 처음에 예정했던 것보다 훨씬 많은 시간을 그녀들과 함께 보내다 보니 나 또한 그녀들과 같은 처지에 있었다면 아마 똑같이 행동하지 않았을까 하는 생각을 하게 됐다.

그런 의도에서 이 책에는 어떤 학술적인 개념으로 그녀들의 인생을 분석하려 하지 않았다. 다만 그녀들이 본 풍경과 시간을 따라가면서 그녀들의 인생을 가능한 한 정돈된 '생활사'의 형식으로 기술하는 것을 목적으로 삼았다(기시 마사히코 편집, 『at플러스』, 28호, 2016년).

그렇다고 그녀들의 삶을 살짝 줌인한 앵글로 들여다볼 때 비로소 포착할 수 있었던 것들, 의지할 데가 아이밖에 없다는 점, 결국 돌아갈 곳이 가족밖에 없다는 점, 수많은 고난을 혼자서 짊어질 수밖에 없다는 점, 이런 모든 현실을 그저 어쩔 수 없는 일이라고 치부하는 것은 아니다.

이 기록은 그녀들이 택할 수 있는 길이 몇 안 되며, 갈 곳이 그곳밖에 없다는 사실, 나아가 결국 오랫동안 여성 문제와 오키나와 문제를 방치해온 일본의 현실을 드러내 보여준다.

'엄마'가 되면서 겨우 가까스로 그녀들이 부여잡은 삶의 토대가 그대로 아이의 생활 토대가 되어서는 안 된다. 태어난 아이의 인생은 다른 각도에서 다시 고려해야 한다. 필요한 개입과 그 근거가 되는 이론적 분석은 다른 글에서 다루고자 한다.

책으로 내놓는 것은 좀 더 나중의 일이라 여겼다. 하지만 오키나와까지 몇 번이나 찾아와 준 시바야마 히로키의 열정적인 권유와 원고에 대한 정성스러운 조언 덕분에 흐트러져 있던 기록이 책의 틀을 갖출 수 있었다.

조사 일지에 명기되지 않은 날짜가 있다. 그녀들의 블로그나 SNS 등에서 나와 만났다는 사실을 확인할 수 있는 날짜와 인물이 특정될 가능성이 있는 사례의 날짜를 기재하지 않았다.

또한 한 권의 책으로 묶는 과정에서 이 책에 등장하는 관련 인물의 사생활을 고려해 근무지를 직접적으로 밝히지 않았다.

✦

그녀들의 근황이다.

하루나 소식은 전혀 들을 수가 없었다.

유카는 요즘 헐렁한 드레스를 입고 다니고 술을 마시지 않아도 되는 바에 일주일에 두 번 정도 나가면서 캬바쿠라 출근을 줄이고 있다고 한다.

쓰바사는 예정대로 캬바쿠라를 그만뒀고 그 후에 결혼했다고 풍문으로 들었다.

교카와 루이는 바로 며칠 전 혼인신고를 했다는 소식을 듣고서 사이좋게 연구실로 놀러 왔다.

스즈노는 신입 간호사 교육을 맡게 됐다. 며칠 전 병원에서 개인 발표가 있었다는 문자를 받았다. "역시 [문자가] 편지보다 편리하네요"라고 해서 웃음이 나왔다.

아야와는 이 원고를 아야의 방에서 함께 읽었다. 자신을 탓하는 아야에게 남자들이 나빴던 거지 아야는 아무런 잘못이 없다고 거듭 이야기했다. 그래도 그때까지는 그 말이 문자 그대로의 의미로 아야에게 가닿지는 않았던 것 같다. 하지만 헝겊 인형을 품에 안은 채, 원고를 읽는 내 목소리를 묵묵히 듣던 아야에게 "아야 잘못이 아니야"라고 말하자 아야는 처음으로 소리 내어 울었다.

나는 말의 힘을 믿는다. 언젠가 아야의 상처가 완전히 아무는 날이 오기를 바란다.

✦

가족이 모두 잠든 조용한 밤에 일어나 딸이 눈뜨기 전까지의 몇 시간이 이 책을 쓰는 시간이었다. 한밤중에 음성 데이터를 반복해 들으며 그녀들이 각자 자신이 처한 현실을 오롯이 혼자 떠안아왔다는 사실에 몇 번이고 부르르 몸서리를 쳤다.

그러다 보면 어느새 창문에 새벽빛이 번져가고 새소리와 함께 아침이 밝아왔다. 그러면 어떻게든 아침은 찾아오는구나 싶어 쉽게 절망해선 안 된다고 마음을 추스르게 된다.

그 시간은 그녀들이 일을 마치고 집으로 돌아가는 시간이기도 했다.

강간을 당한 사람을 돕기 위해 오랜 기간 등불과 같은 역할을 해온 '강간구원센터—오키나와 REIKO'의 활동에 감사와 경의의 마음을 담아 약소하지만 이 책의 인세를 기부하고자 한다.

나 또한 앞으로도 이곳 오키나와에서 무슨 일이 일어나는지를 써 내려가면서 많은 사람과 손을 맞잡고 아이들이 천천히 어른이 될 수 있게 돕고자 한다. 서둘러 어른이 되어야만 했던 아이들이 자신을 사랑하고 돌볼 수 있는 곳을 만들어가고자 한다.

저 여자아이들이 재잘대는 목소리가 많은 사람의 목소리와 한데 어울려 달콤하게 퍼져가기를 기원한다.

그리고 그녀들이 자신의 힘으로 걸어가려 하는 길이, 충분히 감당할 만한 고통과 그 고통을 극복해내는 기쁨으로 채워지길 바란다.

아침을 기다리며
우에마 요코

옮긴이의 글

책을 읽다 몇 번이고 책장을 덮었다. 그러면 다 없는 일이 될 것 같았다. 이 세상에 없는 일, 어디서도 일어나지 않은 일이 될 것 같았다. 그냥 외면하고 싶었다. 그러다 '당신이 아는 게 세상의 전부는 아니다'라는 문장을 마주하고 나니 더 이상 고개를 돌릴 수 없었다.

이 책은 10대 때부터 밤거리에서 일했던 오키나와 여자아이들의 생활사이다. 교육학자인 우에마 요코는 2012년 여름부터 2016년 여름까지 4년에 걸쳐 유흥업소에서 일하는 또는 원조교제를 하는 여성을 대상으로 구술 조사를 했고 그 기록을 바탕으로 한 사람 한 사람의 개인사를 엮어냈다. 폭행과 강간이 일상처럼 여겨지는 삶, 자연스럽게 유흥업소가 유일한 일터가 되고 마는 현실, 그 속에서 혼자서 너무도 빨리 엄마가 되고 어른이 되는 아이들의 이야기를 저자는 담담한 목소리로 들려준다. 오키나와 밤거리 소녀들의 지극히 개인적인 생활사이지만 읽다 보면 서울 어느 밤거리에도 '그녀들'이 있을 거란 생각을 지울 수 없다.

'폭력의 형태는 다양하지만 주로 약자의 몸을 조준해 모습을 드러낸다.' 이 책에 나오는 여자아이들은 자라는 동안 주로 경제적 궁핍으로 인한 가족의 무관심과 아빠나 오빠가 휘두르는 폭력 속에서 지내야 했고 그들의 폭력에서 겨우 도망쳐 나온 뒤에는 남자친구나 낯선 남자들의 폭력에 몸도 마음도 멍들어갔다. 여성의 몸에 가해지는 폭력을 기록하며 우에마 요코는 말한다. 그녀가 나였을지도 모르고 당신이었을지도 모른다고. 폭력을 휘두르는 남성 배후에 있는 거대한 폭력 장치들, 국가, 군대, 선후배 문화 등이 책 곳곳에 검은 그림자처럼 깔려 있다.

긴 호흡에서 볼 때에만 포착할 수 있는 게 있다. 4년이라는 시간, 빼곡히 쌓인 녹취 기록 속에는 그녀들의 삶의 방식이 보인다. 왜 그런 선택을 했냐고, 왜 그렇게 살아야만 하냐고, 그런 의문이 불쑥불쑥 튀어나오곤 했다. 현실을 이겨내는 방식, 삶의 방식은 각기 다르다. 그 방식을 두고 우열이나 정당성을 따질 순 없다. 함부로 비난할 수도 없다. 그 길을 걸어온 자가 선택한 방식이므로. 오직 그 길을 걸어온 자만이 말할 수 있는 영역이므로. 그녀들 각자의 삶의 방식, 어떻게든 현실을 버텨내려 한 그녀들의 방식에 마음이 숙연해진다.

말로 구체적으로 표현하지 않으면 존재하지 않는 일들이 있다. 말을 하지 않았다면, 들어주지 않았다면 그녀들이 겪은 일은 그냥 없었던 일이 될 것이다. 말을 할 때, 말을 할 수 있는 여지를 줄 때, 들어줄 때, 들을 수 있는 용기가 있을 때, 그때 비로소 현실은 제대로 모습을 드러낸다. 어쩌면 지금 우리기 할 수 있는 가장 유일한 일은 듣는 것일지도 모르겠다. 그녀들의 삶의 이야기를 듣는 것에서부터 변화는 시작되지 않을까.

그녀들의 이야기를 끝까지 들어줬던 그리고 행동했던 우에마 요코에게 경의를 표한다.

2018년 6월
양지연

우에마 요코(上間陽子) 지음

1972년 오키나와에서 태어났다. 류큐대학 교육학부 연구 교수로 전공은 교육학이다. 주로 위기청소년 문제를 연구한다. 1990년대 후반부터 2014년까지는 도쿄에서, 이후에는 오키나와에서 10대 여성을 조사하고 지원하는 활동을 해왔다. 공저로 『약자와 빈곤』이 있다.

양지연 옮김

서강대학교 정치외교학과를 졸업하고 북한대학원대학교에서 문화언론학을 전공했다. 공공기관에서 홍보와 출판 업무를 담당했으며 지금은 기획 번역가로 활동 중이다. 옮긴 책으로 『아빠는 육아휴직 중』, 『체르노빌 다크 투어리즘 가이드』, 『어이없는 진화』, 『채플린과 히틀러의 세계대전』이 있다.

맨발로 도망치다
폭력에 내몰린 여성들과 나눈 오랜 대화와 기록

우에마 요코 지음
양지연 옮김

초판 1쇄 인쇄 2018년 7월 9일
초판 1쇄 발행 2018년 7월 16일

발행처   도서출판 마티
출판등록   2005년 4월 13일
등록번호   제2005-22호
발행인   정희경
편집장   박정현
편집   서성진
마케팅   최정이
디자인   오새날

주소   서울시 마포구 동교로12안길 31 2층 (04029)
전화   02. 333. 3110
팩스   02. 333. 3169
이메일   matibook@naver.com
블로그   blog.naver.com/matibook
트위터   twitter.com/matibook
페이스북   facebook.com/matibooks

ISBN 979-11-86000-66-3 (03330)
값 15,000원